兒童的田野工作

Robyn M. Holmes◎著
張盈堃◎譯

Fieldwork with Children

FIELDWORK WITH CHILDREN

Robyn M. Holmes

SAGE Publications, Inc.

目錄

CONTENTS

兒童的田野工作

FIELDWORK WITH CHILDREN

Robyn M. Holmes

為美國Rutgers大學的人類學博士。目前是美國Monmouth大學的心理系教授，研究取向主要從跨學門的面向，研究兒童的行為與認知。她也是《幼童如何覺察種族？》（*How Young Children Perceive Race*）一書的作者（1995, Sage），並且發表許多關於兒童遊戲、教育實行，以及兒童社會認知等主題的文章於《遊戲與文化》（*Play & Culture*）、《教育與兒童的處遇》（*Education & Treatment of Children*）以及《兒童研究》（*Child Study Journal*）等期刊中。她同時是美國人類學學會（American Anthropological Association）、美國心理學學會（American Psychological Association）、遊戲研究學會（Association for the Study of Play）、幼教學會（National Association for the Education of Young Children）等學術組織的成員。

個人網址：http://bluehawk.monmouth.edu/～rholmes/

張盈堃

美國University of Wisconsin-Madison博士（主修：課程與教學，輔修：教育政策研究與社會學），目前為國立屏東教育大學幼兒教育學系助理教授。曾服務於淡江大學課程與教學研究中心、國立台北護理學院生與死研究室。研究興趣包括教育社會學、性別研究、文化研究等領域。相關著（譯）作包括《性別與教育：批判教育學觀點》（2001，師大書苑）、《批判教育學導論》（2004，心理）、《誰害怕教育改革：結構、行動與批判教育學》（2005，洪葉），以及其他發表於期刊與研討會的論文。

質性研究在學術社群中的位置，在過去幾年間有了改變。就其歷史根源來說，質性研究格外與人類學家及社會學家有關聯。相較之下，實驗法與科學嚴謹性則連結到心理學家，這部分是因為心理學這個學門與自然科學有著歷史上的結盟關係。

在過去，有兩種方法被視為對立的。量化的取向包括對環境掌控的元素，以及有能力在變項之間的關係進行因果的陳述。信度與效度的議題成為這個方法的標誌。質性的方法被視為描述性的，在這種描述性的價值下導致了假設的產生；進一步的區分是量化的方法，固定地使用人為的設定，參與者被比作客體對象。比較之下，質性的方法則使用於自然的設定裡，並且參與者被視為個體。

目前對質性與量化方法的看法，已經承認這些方法是認知團體或個體的可選擇取向。沒有任何一種方法比另外一種方法更好——相反地，每一種方法對於人類行為與認知的理解都有其重大貢獻。有一些研究者格外偏好某一種方法，然而其他研究者發現可結合進行研究。

來自不同學門的研究者現在都使用質性的研究方法，多數的研究是針對成人的個體與團體來進行。然而，就像Goodwin（1997）與其他的研究者提到，兒童參與者的田野研究是相對地付之闕如。這部分可歸因於：在西方的觀點中，兒童並非主動的文化創造者。相反地，我們可以提出與Tylor（1871/1958）的文化演進論點相似的說法，兒童與童年的社會化被視為通往成人階段的墊腳石或過渡狀態，只有一點點或是毫無外在與內在的自身價值。

像是這樣的不對稱也發生在方法論的文獻裡。現在有很多研究與質性方法的專書，但都只是稍微提到與兒童參與者這方面的方法論有關的議題。有一些出色的資料值得我們參考，包括了Fine與Sandstrom（1988）、Pellegrini（1996），以及Graue與Walsh（1998）等人的著作。這些作品強調如何進行兒童田野工作的機制與傳統考量，然而只有少數作品探索了到底是何種因素——好比田野工作者的個人屬性（例如：性別與種族），如何影響了針對兒童的研究過程。縱然這些議題已經在成人參與者的田野工作裡揭露，但這樣具有反思性的考量，在兒童參與者的田野工作中，仍處於相對未開發的狀態。

本書基於這樣的需求，提出在兒童田野工作裡的性別與種族議題。我原先展開兒童田野工作時，是採取性別中立的位置，並假定男性與女性的田野工作者在非常相似的方式上著手研究。我從未考慮到這些個人屬性對於研究過程的影響。經過多次與同事討論我的田野經驗，以及閱讀民族誌等文獻之後，我了解這些因素在某種方式上，引導著我的兒童田野工作。在某些案例中，這些因素的影響相當小；但在其他案例中，這些影響卻很全面。這是第一本針對兒童田野工作這塊處女地進行考察的書，我希望本書可以讓所有參與質性研究的人，藉此刺激其討論與對話，特別是兒童的田野工作。

大學部與研究所修習質性研究與方法課程的同學，應該很容易消化本書的內容，這本書也可以在跨文化研究的課堂裡，當作補充資料來使用。希望進行參與者觀察的兒童田野工作學者，可持續地提升其研究的過程，進而使這群親切地允許我們進入他們社會與認知領土裡的兒童受惠。

縱然田野工作是獨自努力的工作，我寫這本書卻並不孤單。許多人對我這份作品的初稿有著重大影響，包括了許多學者的研究報告；與同事、小學行政人員和教師們的交談；評論者所給予的指正與建議，以及我和學生之間的對話。我由衷地感謝這些人，他們每一個人對本書的最後內容都提供了獨特的寶貴意見。

Monmouth大學大力支持我的這個研究計畫與我所有的努力。我感謝系上的每一個人，他們鼓勵我提升教學以及從事有建設性的學術成就。有兩位重要人士，我覺得虧欠他們最多：第一位是Kenneth Stunkel博士，他是本校人文社會學院的院長，以及Doris Hiatt博士，她是本系的系主任，他們對我提供最大的支持、鼓勵與引導，在此表達我對他們最真摯的謝忱。

我也要感謝一些直接參與本書寫作過程的人士，包括我系上的同事Jack Demarest博士、Doris Hiatt博士以及Janice Stapley博士，他們每個人都仔細地閱讀了本書的初稿，他們的影響大部分是關於性別的素材。Bruce Cunningham博士是位學富五車的同事及共事者，他也幫我閱讀了好幾章的初稿，他的影響在於有關性別議題與幼兒教育的素材。他們有用且具啟發性的評論，最終讓我可以進一步修正初稿中的若干問題，我非常感謝他們的意見與幫忙。

我要特別感謝Jaipaul Roopnarine教授，他提供我有關東印度與中國文化的閱讀文獻；還有圖書館的工作同仁，特別是館際借閱與參考諮詢部門的同仁。

我要將我最真摯的感謝獻給Sage出版社的工作人員，特別是企畫主編Peter Labella、編輯助理Corinne

Pierce、製作主編Sherrise M. Purdum、製作編輯助理Lynn Miyata、版權編輯Deirdre M. Greene、打字員Christina M. Hill、封面設計者Candice Harman以及採購專員Anna Chin。他們的指導、耐心與支持令我萬分珍惜。

我也要感謝我的家人。我的父母與兄弟姊妹，他們總是給我愛與鼓勵；我的侄女Melissa、侄兒Brian、Brian Patrick和Kevin，都在我的心中占有某個特別的位置。最後，我深情地感謝我的丈夫，他與我分享了生命中許許多多事物。我要把這本書獻給他！

這本翻譯書的背後有這麼一段故事……

2006年的秋天，我南下屏東教育大學任教，身為菜鳥老師的我，教學生涯的第一學期就被安排教進修碩士班的「質化研究」這門課。教這門課被陳仁富主任與谷瑞勉前主任賦予重大的期許，當然也想利用這個機會實現自己的雄心壯志，於是利用一整個暑假思索質化研究這門課該怎麼教。我雖然曾大量地閱讀質性研究與民族誌的相關文獻，對這方面的論述有一定程度的把握，可是經過一學期的教學之後，這門課對我來說存在著五味雜陳的回憶。即便我再怎麼賣力演出，台下的觀眾卻不見得對我精心設計的教學內容產生共鳴。主要的原因有二：一方面，許多在職教師抱怨英文文獻對他們來說簡直是無字天書，更別說可以跟得上我所要求的每週閱讀進度；另一方面，他們也對文獻內容裡所舉的例子很少提到幼教現場或是兒童文化而有所抱怨。我無力處理前項英文能力的提升，但後項的抱怨確實值得我們深思：到底針對成人社群所進行的田野研究經驗，是否可以適切地移植到兒童的文化或議題裡面？如果不能，那我們該怎麼辦？

2007年某日下午，我在屏教大圖書館想找一本有關人類學田野中禁忌議題的原文書，沒想到卻邂逅了Robyn M. Holmes所寫的這本《兒童的田野工作》，這本書靜靜地躺在架上的某個角落，因為它的標題深深地抓住我的視線，於是隨手拿起來翻閱了一下。雖然內容不是多麼深奧，對我來說當然也沒有驚天動地般的大發現，不過卻很值得給幼教與教育系所的學生閱讀與思考，因此在心理出版社林敬堯總編輯的支持下，於是有了這本翻譯書問世的契機。

*　*　*

正如本書作者Robyn M. Holmes所言，民族誌研究的傳統主要源自人類學，其著重於社會文化脈絡的探究，不只希望知道問題是什麼，並試圖知道問題的脈絡是什麼。簡略地說，民族誌採取客位（ethic，取自phonetic）與主位（emic，取自phonemic）的觀點；客位的觀點主要探討無意識的模式，而主位的研究方法從被研究者的角度解釋文化現象，是一種有意識模式的研究。特別是主位的觀點強調：民族誌不在於運用科學的概念來套出文化的整體面貌，也不同於客位觀點試圖從多樣化的文化中推知全人類共同的認知，相反地，而是在於透過了解在地觀點（the natives point of view）；理解地方性知識所形成的獨特世界觀、人觀、社會背景等，此即為Clifford Geertz（1973）所說的文化詮釋（the interpretation of cultures）。其特色強調研究須超越制度性素材之堆砌，文化世界的探究基於一種厚描述（thick description）的手法，即在報導人、研究者自身的生活世界，以及讀者溝通之間，猶如在一系列層層疊疊的符號世界裡漫遊，所闡明的正是在文化處境中的意義，也就是研究人們如何運用各種隱含或明顯的規則來理解每日生活的經驗與環境，於是Geertz（1973:5）認為，文化分析並不是一種尋求規律的實驗科學，而是一種探索意義的詮釋科學。

據此，文化意義像是一面網，由同屬於某個社會文化群體的人們合力編織完成，只有在有意義網路到達的地方及意義內涵共通的世界，聲音和事件才能被了解，訊息才能被傳達而鑲嵌到共同的意義體系。同樣地，只有共同擁有這張意義之網的人們才了解其中的意義，也才能互相作用、建構意義。換句話說，這企圖對符號或象徵系統的建構，從事對社會與文化中人類行為的描述與理解。在這過程中，人類的行為被視為一種「符號互動」，而此一符號之意義，乃由其所處之文化與歷史的現實所塑造而成。也就是說，民族誌主要是理解並詮釋一個文化或生活世界之符號系統的意義，其出發點必須是「行動者導向」，研究者必須回到行為者所處的歷史現實或經驗內容的角度去詮釋，故Geertz（1973:14）強調以實際參與經驗性的田野工作來研究文化現象，這種民族誌並不是一連串的技術，而是一種關係、一種態度。也就是透過理解一個或一群象徵對於使用這些象徵者所能代表的意義，即在地（location）的實際體驗，以尋求擴充人類論述的領域。因此，Geertz（1973:5-6）總結說到：

> 人類學，或至少是社會人類學的實踐者，他們所做的工作是民族誌。正是透過理解什麼是民族誌，或更準確一些，透過理解什麼是從事民族誌，我們才能開始理解作為一種知識形式的人類學研究的是什麼……從事民族誌就是建立關係、選擇調查合作人、轉寫文本、記錄系譜、繪製田野地圖、寫日記等。但並不是這些東西，即技術和公認的程序規定了這項事業，規定它的是它所屬於的那種知識性努力：即經過厚描述。

*　*　*

一般來說，民族誌研究大抵上可區分為「參與者觀察」與「深度訪談」這兩種主要蒐集資料的技術。[①]就民族誌的訪談來說，這是一種讓報導人敘說他們所知的策略，例如透過一系列友善的交談，逐漸地引到研究者所關切的議題（Spradley, 1979）。報導人的敘事是一種說故事的過程，也像是一種社會交易，其過程涉及研究者與

① 不過，我要提醒讀者的是：民族誌的訪談與參與者觀察，這兩種技術所蒐集的資料，彼此的性質相當不同，有時候這兩種類型的資料無法交替運用。

報導人共存在於一種溝通的關係之下；也就是說，說故事的人與讀者／聽眾會創造出「我們」一起參與的某種程度的感性連結與團結一體的感受：敘說與轉述的過程，從我的故事轉變成我們的故事（Davis, 2002），並且故事隱喻著我們如何在某些特殊的情境中建構文本、創造文本，重點在於故事為何如此被敘述。

此外，就參與者觀察而言，亦可再區分兩種取向：第一種是理論引導的取向（Lichterman, 2002），即社會學界常見的擴展個案方法（extend case method），這也是批判民族誌所採取的手法；而第二種是扎根理論的取向（Glaser & Strauss, 1967）。就前者的擴展個案方法而言，Burawoy指出質性研究雖然可切入日常生活面向，而呈現微觀的描述，但是結論卻無法形成一般化的論點，因此擴展個案方法透過參與者觀察，具有扣連社會研究之「科學面向」與「詮釋面向」的可能性，透過參與者觀察對因果關係與意義詮釋觀照的同時，也緩和了兩者之間被誇張的對立（Burawoy, 1992:284）。Burawoy的擴展個案方法具有幾個重要的特色：(1)此方法反對質性與微觀、量性與鉅觀理論層次間的關聯性，認為質性的個案研究能夠提出對鉅觀理論的反證，故參與者觀察也可以討論鉅觀層面的問題；(2)相對於扎根理論的歸納法或透過田野資料建構概念的方式，擴展個案方法希望以演繹法與田野資料的累積，來反省或重新建構既有的理論與概念；(3)擴展個案方法注重參與者與觀察者、研究者與理論社群之間的雙重對話（Burawoy, 1992:271-273、283-284）。相反地，扎根理論是由Glaser與Strauss（1967）所創立的一種根植於系統性蒐集資料與從事質化分析的社會科學研究方法，亦即一套質化分析資料的理論與操作程序。扎根理論主張理論的建構與檢證必須建築在與資料的親密關係之上，也就是無論是從資料中產生理論或檢證理論存在的資料基礎，理論和資料都必須是緊扣的，這也才能使理論與實徵研究緊密銜接。資料透過不斷地演繹與歸納，不僅可產生理論，也可修正理論使理論精緻化，並且同時完成理論的建構與檢證。固然扎根理論所產生的大多是低階的實質理論（substantive theory），但仍主張在一系列的資料分析過程中，不僅做資料的描述，更要將資料概念化，並就概念之間的關係形成命題，以便逐步地將理論從實質理論推向更高階的形式理論（formal theory）。

不論分析的資料來自田野訪談或是參與式觀察，民族誌所分析與呈現的對象即為所謂的文本。根據Paul Ricouer（1981:201）認為文本超越了「其作者持有之有限見識」，而且「如今文本表達的比作者要說的更為重要」。某個文本可能是其作者為特定讀者所作，並意圖透過此一文本來表達特定的意義，然而其他讀者可能以作者未曾想到過的方式來閱讀，於是我們需要注意文本而不直接陷溺在文本中。換句話說，注意文本的形式（form）及其可能的形成方法（formation），而不把文本中的內容視為唯一的敘述法。對某些社會現象產生了閱讀行為，重新解讀它的造義、用意、涵義、通意等，我們就可以把那些被讀之物，稱為「文本」，並且可以將它解讀出有別於給定意義（通常給定意義是指常識）之外的意義。文本概念有個涵義就是：使一物轉變為一文本，其關鍵不在於事物本身的性質，而在相對於它的讀者，或這樣的讀者對世界所採取的學問態度——當這個讀者的立足點和觀看點重新擺放之後，他對世界所發生的關係，就會含有一種特殊的態度，使天下事物盡為可讀的文本。就像Paulo Freire曾對閱讀文本有如下的看法：

> 閱讀並不只對語言或書寫文字的解碼；相反地，在它之前或在它之中已經糾纏著世界的知識……。對於文本作批判的閱讀而獲得的理解就隱含著看見文本（text）和文脈（context）之間的關係。（Freire & Macedo, 1987:29）

*　*　*

本地學者謝小芩（1989）曾比較人類學取向與社會學取向的教育民族誌，她認為人類學家所關切的是人種與其文化類型，但是社會學家所關心的則是分析性的議題，而非對事物進行描述而已。此外，人類學家進入田野時只帶著他們對研究目標的初步理解，並且據此引導他們觀察與等待可能會產生的問題；但社會學家傾向於在研究一開始即已有著清晰的理論架構與變項，並試圖找尋相關的線索回答特定的問題。最典型的代表案例就是Paul Willis的田野研究，Willis（1977）採取新馬克思主義的階級概念來討論階級的學生如何學習選擇勞動階級工作，他認為意識型態經由宰制團體所選定的既有範疇網絡，將現實加以中介、轉折，並且為宰制階級所接受。②故成功的意識型態範疇，並不僅於使菁英或某一文化中的特選團體遂行其目的，更重要的是，意識型態透過神祕化、無知或缺乏能力的感覺，剝奪大多數人民的權利。意識型態將特定和有限的利益加以普遍化，讓少數人的利益變得與全體的利益一致。總的來說，社會學家傾向在進入田野時，已有著相當明確的理論架構來解析學校教育現象的結構；相反地，人類學家聚焦於文化類型，以及人類行為的內隱與外顯的社會文化知識與意義。

人類學與社會學之間的差別，在後現代民族誌興起後慢慢地消除彼此的界線。就像Holmes教授在本書裡強調，我們應該思考性別與種族的因素，如何影響著兒童田野工作的過程，也就是強調研究者的自我反思。社會學家Pierre Bourdieu指出反思性（reflexivity）乃是貫通研究者與被研究者的行動與制度，把研究者與其所處之社會中的人並置起來考察（Boudieu & Wacquant, 1992:253），這

② 你看！這個經典例子還是與幼教現場有點距離。

是一種要求研究者把自身實踐納入思考與觀察的範圍，即對社會生活提供一定的梗概，又要理解自身和他者生活的邏輯，其稍後將這樣的反思性稱之為「自我的分析」（auto-analysis）。因此，我們往往只能閱讀到民族誌的前台（front stage）而已，但Holmes提醒我們該想想兒童田野工作中，研究者性別與種族的因素，也就是要我們探究民族誌的後台（back stage），當然也包括研究者的幕後告白。朱元鴻（1997:34）將民族誌的後記、附錄或私存的日記視為Derrida所謂的「補遺」（supplement），這些東西經常被視為是邊緣的、延擱的、回溯的、衍生的、歧出的、可疑的，因為補遺的揭露是危險的也是誘惑的，它們可能滲透、汙染或顛覆科學正文的根本預設，導向未被呈現的困惑、過錯、失足、墮落，故補遺的本身就是歧途或醜聞，這也是民族誌研究的後台。

* * *

我發現許多學生在寫質性期末作業時，僅僅只是資料的堆砌與文獻的簡介，卻不見研究者個人立場的陳述。但別忘了學術的寫作也是一種敘事，因為其呈現、再現特定之目的與立場，所涉及的不僅是研究者與被研究者之間的關係，也必須考慮研究詮釋者與其可能讀者之間的關係。就像 Ian Ang（1989:105）所言：「因為詮釋不可避免地總是屬於某種程度的真實再現（而非其他），因此它們絕不可能是中立或只是描述性的。畢竟質化或量化形式下的經驗資料並不能產生不證自明的意義；唯有透過研究者所建構的詮釋框架才能了解經驗的意義⋯⋯。因此，任何研究都徹底透露了自身的政治性質，我們需要特別關注的是詮釋政治（politics of interpretation）。」因此，研究者立場的表明也就變得格外重要。

Michelle Fine（1994）曾指出研究者的三種立場：腹語術（ventriloquy）[③]、發聲表態（voices）與行動主義（activism）。有修過我課程的人都知道，我一直強調研究的目的就是要包括發聲表態與行動主義，也就是企圖揭露、顛覆或轉化現存的意識型態或體制。其中研究者的揭露包括說明不同立場之間的轉變，以及表明研究者看待問題與現象的意圖導向。因此，從事教育的研究就是要掀開社會關係的真相，其目的並非僅僅報導教育或文化場域中的表面結構（surface structure）而已，相反地，卻在挖掘其深層的文法（deep grammar）。因此，就像Paulo Freire（1993:97）曾說過：「調查一般文化的主題就是調查一個人對現實的想法與一個人對現實的行動，這就是他的實踐。為了這個明顯的理由，所提出的方法論要求調查員與人們（他們被正規地考慮為調查的對象）應該一起行動以作為共同的調查員。」

* * *

這本書可以問世，最要感謝的是心理出版社林總編輯的支持和林汝穎小姐的編輯協助與費心指正。在此，謹將它獻給對兒童文化的方法論議題有興趣的朋友。

---

③ 腹語術是否定在政治與知識論立場上有任何選擇的餘地，自己的立場被遮蔽於客觀中立的帷幕之下，對於他者行動的客觀描述，彷彿這些描述的行動全是靜態不變的。發聲表態意謂著研究者納入他者被忽略的聲音。這些聲音展現日常生活或本土的意義，看似與霸權論述互相對立或抗衡（Fine, 1994）。

參考文獻

朱元鴻（1997）。背叛／洩密／出賣：論民俗誌的冥界。**台灣社會研究季刊**，26，29-65。

謝小芩（1989）。Education ethnography: What differences do disciplinary background make? **中國社會學刊**，13，191-220。

Ang, I. (1989). Wanted audience: On the politics of empirical audience research. In E. Seiter, H. Borchers, G, Kreutzner, & E. Warth (Eds.), *Remote control: Television, audience and cultural power* (pp. 96-115). New York: Routledge.

Bourdieu, P., & Wacquant, L. J. D. (1992). *An invitation to reflexive sociology*. Chicago: University of Chicago Press.

Burawoy, M. (1992). The extended case method. In M. Burawoy, et al., (Eds.), *Ethnography unbound: Power and resistance in the modern metropolis* (pp. 271-287). Berkeley, CA: University of California Press.

Davis, J. E. (2002). Narrative and social movements. In J. E. Davis (Ed.), *Story of change: Narrative and social movement* (pp. 3-29). Albany, N.Y: State University of New York Press.

Fine, M. (1994). Distance and other stances: Negotiations of power inside feminist research. In A. Gitlin (Ed.), *Power and method.* New York: Routledge.

Freire, P. (1993). *Pedagogy of the oppressed*. New York: Continuum.

Freire, P., & Macedo, D. (1987). *Literacy: Reading the word and the world*. South Hadley, MA: Bergin & Garvey.

Geertz, C. (1973). *The interpretation of cultures: Selected essays*. New York: Routledge.

Glaser, B. G., & Strauss, A. L. (1967). *The discovery of the grounded theory: Strategies for qualitative research*. Chicago: Aldine.

Lichterman, P. (2002). Seeing structure happen: Theory-driven participant observation. In B. Klandermans & S. Staggenborg (Eds.), *Method of social movement research* (pp. 118-145), Minneapolis, MN: University of Minnesota Press.

Ricouer, P. (1981). The model of the text: Meaningful action considered as a text. In P. Ricouer, *Hermeneutics and the human sciences: Essays on language, action and interpretation* (pp. 197-221). Minneapolis, MN: Fortress.

Spradley, J. P. (1979). *The ethnographic interview*. New York: Holt, Rinehart & Winston.

Willis, P. (1977). *Learning to labor: How working class kids get working class jobs*. New York: Columbia University Press.

第一章
兒童的田野工作：概論

人類學享有輝煌的過往，此一學門關注著生產非西方文化的民族誌解釋。人類學這個學門強調著田野工作的進行一直持續到今日。人類學的本質與目的造成了田野研究的豐盛，並且書寫了不少關於成人社會的作品。就歷史而言，人類學從未遺漏或忽視過兒童文化。在民族誌中，兒童的素材來自兒童與成人互動時外在的觀察記錄（Super & Harkness, 1986）。

就像Goodwin（1997, p. 1）提到，有著持續排除兒童作為參與者與活躍的「文化參與創造者」（creators of culture）的趨勢。只有少數人類學家已經檢視兒童的生活世界。部分原因在於，相較於他們最後進入的成人世界來說，兒童的社會與文化世界是不太完整的。在他們的社會世界與同儕文化裡，兒童的生命經驗大概被視為不具重要性，這是因為社會化的目標在於孕育具有文化上勝任（culturally competent）的成人。

以兒童作為主題的人類學田野研究，直到二十世紀的後二十年才開始出現。雖然在1930年代有一波以兒童作為觀察研究的潮流（Renshaw, 1981），隨著針對六個不同國家所進行的文化方案，研究兒童及其行動的出現，作為在人類學學門裡最值得學術探究的主題（Whiting & Child, 1963；又見Mead在1961年的薩摩亞青少年研究）。這個大規模的研究分別在墨西哥、美國、日本、菲律賓、肯亞與印度中，檢視與比較兒童養育的實行。

在1970年代，對兒童同儕文化的調查成為嶄新的研究興趣（Asher & Gottman, 1981），人類學最終連結社會學、動物行為學與心理學，並且開始進行兒童民族誌與觀察研究。卓越的人類學作品，包括Schwartzman（1978）關於兒童遊戲的研究、Whiting與Whiting（1975）針對兒童心理文化與社會世界的跨文化研究，以及Middleton（1970）與Schwartz（1976）針對兒童社會化的研究。

更多針對兒童的質性研究縱然有其必要，但大抵上目前來自不同學門以兒童為主體的田野研究與質性研究，已經逐漸增加我們對兒童行為與經驗的理解。舉例來說，兒童遊戲的跨文化研究已揭露了在遊戲行為中，文化特定與文化普同的類型（如Roopnarine, Johnson, & Hopper, 1994; Schwartzman, 1978）。其他對兒童遊戲的研究透過關切不同的脈絡，像是家庭、學校與遊樂場，這些研究已擴展我們對這個主題的知識（如Holmes, 1991; Kelly-Byrne, 1989; Sluckin, 1981）。

許多兒童田野研究已經檢視了性別的議題，代表性的作品包括Thorne（1993）對於在學校裡兒童遊戲的調查，以及Skelton（1996）檢視在學校脈絡中，兒童如何獲得男性氣概的想法。社會研究者也研究了在托兒所的同儕文化（Corsaro, 1985）、小聯盟棒球隊（Fine, 1987）、兒童的種族知識（Holmes, 1995）、非裔美籍兒童的社會世界（Goodwin, 1990），以及記錄田野中的兒童如何影響人類學的研究（Butler & Turner, 1987; Cassell, 1987; Huntington, 1987）。

此外，關切教育議題的田野研究促成我們對兒童學校經驗（Andereck, 1992）、日間托育經驗（Leavitt, 1994; J. Wolf, 1995）、跨文化幼兒學校的經驗（Tobin, Wu & Davidson, 1989）、在特定教室裡的兒童雙語經驗（Ruiz, 1995），以及友誼（Rizzo, 1989）等議題的理解。

語言學家與民俗學家已經促使我們要意識到兒童的口語藝術形式，像是詩歌與民俗故事（如Opie & Opie, 1984; Sutton-Smith, 1981, 1995）。其他的質性研究已經擴展我們對兒童生理與心理福祉的知識，相關的領域像是營養議題（Shu-Min, 1996）、同儕傷害（Ambert, 1994）、家庭研究（Daly, 1992）、健康照顧（Bernheimer, 1986; Pass, 1987），以及住院病童對痛的民俗感知（folk perceptions）（Woodgate, 1996）。最後，有一些田野研究企圖檢視兒童的陰暗面向，像是街頭與無家可歸兒童的經驗（如Aptekar, 1988）。

在比較兒童質性研究這些日益漸豐的文獻下，有一種比較罕見的文獻檢視田野工作的過程與兒童的關係。舉例來說，質性研究者往往在這些議題上是沉默的，像是研究者個人的屬性（例如：性別與種族）如何影響田野工作過程與兒童的關係。本書的撰寫就是要表達這樣的需求。

主觀的議題

在1980年代的社會科學裡，對田野工作主觀面向進行探究的興趣，獲得很大的重視（Boros, 1988; Corsino, 1987; Kulick, 1995）。直到現在，多數的研究並沒有考慮到動機、理論觀點，以及田野工作者的個人偏誤等因素，如何影響詮釋的過程與書寫的作品（Agar, 1986/1995; D. Wolf, 1996a）。Van Maanen（1988）提出田野工作者的情緒狀態、理論的觀點，以及個人的特質（例如：性別、種族、年齡、個性）等影響，應該在書寫的文本中被認知到。

然而最近的研究已經回答這樣的訴求，檢視田野經驗中主觀的面向。這些研究主要針對成人團體所進行的（如Bell, Caplan, & Karim, 1993; Birth, 1990; Fiske, 1988; Gilmore, 1991; Kleinman & Copp, 1993; Kulick & Wilson, 1995; Peshkin, 1982, 1988; Shaffir & Stebbins, 1991; Whitehead & Conaway, 1986; D. Wolf, 1996a；關於民族誌次要論述，請見Chagnon, 1977; Holmes, 1995; Kelly-Byrne, 1989; Thorne, 1993；以及Turnbull, 1968）。

如同Allum（1991）提到在田野過程中所做的決定，並非僅僅受到方法論上的考量所影響，個人、社會與情緒的因素影響田野過程的每一個階段，並且這應該是在民族誌的作品中被覺察到的地方（分析研究者在田野過程中情緒的重要性，相關討論請見Ellis, 1995; Kleinman & Copp, 1993；以及Peshkin, 1988）。

根據Gambell（1995）的說法，理論的複雜性已經在民族誌中被提出來，包括：(1)報導人的威望；(2)民族誌研究者在這個研究中的位置（Boxwell, 1992; Schwartzman, 1995; D. Wolf, 1996a, 1996b）；以及(3)民族誌作為文本（Berger, 1993）。Rosaldo（1989）進一步提出配置的主體（positioned subjects）來指稱行動者同時參與且進行著田野工作。她提到作為一個具有特定位置的主體，研究者採取特定優勢的觀點來經驗與觀察團體的行動。

這些已建制的位置與田野的關係，包括權力的一些元素，並且規定了所要經驗與觀察的行為，以及如何去詮釋這些行為（又見D.

Wolf, 1996b）。當要進行兒童的田野工作時，這樣的想法似乎格外突出。成人—兒童之間的關係，本質上就隱含著權威。縱然研究者能夠採取不同的角色（例如：像是朋友的角色）來減弱權威，但現實上兒童已經被認知為田野工作者可接近的研究個體，就像是同學、朋友與成人一樣。Boxwell（1992）表達對民族誌研究者刻劃自己進入文本這樣作法的關切，並且探討這樣的作法如何影響到書寫後民族誌的解釋。Schwartzman（1995）回顧數個關於兒童遊戲的民族誌研究，揭露在田野關係中的一些問題，像是研究者／報導人，以及作者／讀者，這樣的田野關係已經普遍地被後現代社會科學學者所提出來（Clifford, 1988; Van Maanen, 1988）。

Schwartzman（1995）回顧Goodwin（1990）關於非裔美籍兒童的社會世界，表示從民族誌的文本裡，田野工作者決定排除自身參與在田野中。Schwartzman提到Goodwin採取寫實的傳統，並且在書寫的文本裡排除作者的聲音（Van Maanen, 1988）。然而Goodwin在兒童的世界裡是個參與者，假若Goodwin的呈現與對兒童行為的影響能夠包括在文本裡面的話，那麼讀者可以受益更多。

以上這些議題尚未在兒童的田野工作中被探索。因此，似乎很重要的是要考慮到這些議題，進一步至兒童的質性研究。自從1970年代以降，對於人類學方法與訓練的關切，已經有很大的轉變；這也反映在目前方法的文獻上，現在已經有一定成長數量的文獻，討論人類學與一般社會科學的研究方法議題。這些著作的範圍包括：(1)質性研究方法（Daly, 1992; Denzin & Lincoln, 1994; Mason, 1996; Patton, 1990）；(2)人類學的研究方法（Alasuutari, 1995; Bernard, 1994; Denzin, 1996; Pelto & Pelto, 1978; Spindler, 1970; Werner & Schoepfle, 1987）；(3)在教育環境中進行田野工作（Andereck, 1992;

Davies, 1994; Delamont, 1991）；以及(4)田野工作、參與觀察與民族誌（如Agar, 1980, 1986/1995; Bernard, 1994; Denzin, 1996; Fetterman, 1989; Johnson, 1975; Shaffir & Stebbins, 1991; Shaffir, Stebbins & Turowetz, 1980; Spradley, 1980; Warren, 1988）。

多數這些作品為一般性的文本，其概括性的目的在於一個研究者如何設計與進行研究的特定類型。舉例來說，Bernard （1994）詳細地描述如何預備、進行與分析田野的資料。此外，Bernard這樣子的進行與分析，乃是研究者進行成人的社會議題研究。其他的文本集中於寫作的技術面向（如Wolcott, 1990），或者田野的筆記（如Sanjek, 1990）。更重要的是，這些文本並沒有討論影響田野過程的重要細節因素，也未論及當參與者是兒童時，該如何進行研究。

只有少數的作品提到如何進行兒童的田野工作，像是Draper（1988）的《研究兒童：觀察與參與》（*Studying Children:Observing and Participating*）、Fine與Sandstrom（1988）的《認識兒童：未成年人的參與觀察》（*Knowing Children: Participant Observation With Minors*）、Pellegrini（1996）的《在他們的自然世界中觀察兒童：方法論的入門書》（*Observing Children in Their Natural Worlds: A Methodological Primer*）、Graue與Walsh（1998）的《研究在脈絡中的兒童：理論、方法與倫理》（*Studying Children in Context: Theories, Methods, and Ethics*），以及Sieber 與 Sieber（1992）的相關作品《兒童與青少年的社會研究：倫理議題》（*Social Research on Children and Adolescents: Ethical Issues*）。

不同於進行田野工作的一般性問題，當進行兒童的田野工作時，研究者必定遭逢特殊關切（例如倫理的關懷與兒童的訪談）。

對兒童與青少年進行研究時，Sieber與Sieber（1992）的作品非常實用性地提供了倫理關切與相關困境的引導，但是這本書並沒有探討田野工作的其他面向。Draper（1988）與Pellegrini（1996）也是很好的資料，但是這兩本書的調性，比較適合作為教導學生進行觀察的方法。

Fine與Sandstrom（1998）的版本特別實用地提供與兒童建立關係、獲得接近田野的地點、什麼樣的訊息可揭露，以及如何揭露這個方案中兒童的本質，還有倫理議題等相關議題的訊息。Graue與Walsh（1998）的作品表示在詮釋兒童的行為時，必須認知到脈絡訊息的需求，並且需要包括實用的資訊在內，像是如何寫田野筆記，以及如何拍攝兒童。

然而在這些作品中，主要焦點乃在於如何進行兒童田野工作的機制。協助與引導進行兒童田野工作的因素仍然尚未被探索，特別是這還包括在與兒童的田野過程裡，研究者個人屬性的影響。

關於田野過程的目前趨勢與方法論上的關切，包括：(1)研究者個人的特徵（例如性別、種族、年齡與社會地位），如何影響到參與者經驗的蒐集與詮釋（Bell et al., 1993; D. Wolf, 1996a）；(2)需要去表達田野工作的反思面向（如Clifford, 1988; Van Maanen, 1995，這兩筆資料討論在當代的民族誌中再現性的挑戰）；(3)意欲進行文化特定的研究；以及(4)進行兒童的田野工作。透過結合這兩個相對未被探索的議題（兒童的田野工作，以及影響這個過程的因素）的討論，這本書應該會對目前質性方法的文獻有所貢獻。

就像Agar（1986/1995）提到，許多研究案例提出田野工作者研究相同的群體，但已經產生相異的說明（又見Heider對此一議題的討論，1988）。Agar提出傳統（traditions）這個詞彙來解釋這些不一致（p. 18）。傳統所包括的元素乃是田野工作者用來解釋他／她所觀察到的經驗。縱然Agar並沒有提供包羅萬有的清單，他提出一個傳統的範本，包括專業的訓練、理論的觀點、在不同的歷史脈絡研究相同的群體，以及像是文化傳承與性別等個人的屬性。在這本書裡，我計畫關切性別與種族，二者關聯至進行兒童的田野工作。

在某種程度上，影響所有田野工作的共同因素乃是研究者的性別（Bell et al., 1993; Butler & Turner, 1987; Divale, 1976; Golde, 1986; Warren, 1988; Werner & Schoepfle, 1987）。雖然性別的議題在文獻裡近來受到了注意（Bell et al., 1993; Fiske, 1988; Warren, 1988; Whitehead & Conaway, 1986; D. Wolf, 1996a），但多數研究的焦點擺在成人社群。只有少數研究表示進行兒童田野工作時，需要注意研究者性別的議題。

性別的分類法是一種跨文化的建構，群體中的多數成員使用這樣的分類法來組織他們的行為。因此，下這樣的結論似乎非常可行：男性與女性的研究者，被他們所研究的團體成員差異性地對待，以及有著體驗與書寫團體的不同面向（Warren, 1988）。

在美國社會裡，個體因為性別而受到差別對待始於嬰兒期的階段。眾多研究已很清楚地證明成人與嬰兒的互動方式，乃是受到嬰兒的性別所形塑（如Etaugh, 1983; Huston, 1983）。兒童差異性的社會化透過發展形成階段而持續，並且研究建議特別是父親的角色傾向於參與在兒童的不同社會化的實行上（如Block, 1983; Siegal, 1987）。就像成人一樣，這些早年的經驗形塑且影響了兒童覺知世界的方式。

男性與女性差異性的經驗（Fischer, 1986; Murphy & Murphy, 1985），在田野工作期間接近文化中差異性的現象（Fine, 1987），以及性別在田野工作裡的影響（Bell et al., 1993; Berik, 1996; Hunt, 1984; McKeganey & Bloor, 1991; Warren, 1988）等，都支持了田野工作者的性別對於兒童田野工作的過程有所影響。這樣的認知或許導致對參與者經驗中，脈絡性知識的檢視（Bell, 1993）。

因此，不同生理性別的田野工作者應以相同文化被檢視，並且由Bronfenbrenner（1986, 1989）所提出的文化—生態模式的理論框架內，他們對於田野的現象有著差異性的描述。在這樣的觀點下，個體的發展，以及他／她如何獲取世界的意義與知識，乃是受到許多與環境扣連的階層所影響。生命的經驗部分受到父母社會化與教養型態所形塑，並且這些經驗是被社會所接受的，質言之，這即為性別角色。因此，他們受到生態（例如：家庭、學校、鄰里）與文化（例如：社會價值、社會化與兒童教養的實行等）因素所影響，這可想而知塑造了個體的發展與生命經驗。這些經驗用來協助決定一個人怎麼覺知世界（見Sutton-Smith, 1994，這些生命經驗如何影響到一個人的研究導向）。

一個研究者的性別、年齡、社會地位與種族（如Bell et al., 1993; Bernard, 1994; Berik, 1996; McKeganey & Bloor, 1991; Thorne, 1993）都是潛在的因素，這能夠產生不同的生命與社會化經驗，並且終極地導致對世界的不同覺知。這些顯著的因素也在田野中運作著。就像Williams（1996）提到，參與者使用田野工作者個人的特色，例如性別、社會階級與種族來指派角色，並且基於互動的脈絡，來對田野工作的行為加以歸類。

影響田野過程的第二個因素是研究者的種族。近期在跨文化研究裡，已經提出研究者必須認知到他們的種族或文化認同如何影響研究的過程（Helms, 1993; Pedersen, 1993; Sue, 1993）。Sandra Bem（1993）主張透過個體審查他們的詮釋與認知，性別的行動像是一種過濾網，這也能夠應用至種族地位上。

舉例來說，Agar（1986/1995）提出專業會議的例子，在其中西方的學者錯誤地詮釋印度人的行為。西方學者用二分法看待印度人的行為，亦即若不是神聖的範疇就是世俗的範疇。藉由陳述宗教在印度人的生活裡是非常普遍的現象，以及行為無法恰巧類型化成為神聖與世俗這兩組對立的配對，但印度背景的聽眾很快地對此錯誤詮釋進行回應。因此，不同文化背景中的差異，應該對相同團體的差異性詮釋負責。相似的主張是，田野工作者的文化背景，也會對於兒童團體與行為的解釋有所影響。

本書討論了兒童的田野工作，以及探索田野工作者的個人特色如何影響這個過程。本書主要的寫作目的是特別為了那些進行兒童質性研究的人，以及一般的質性研究者。對於性別議題、教育與跨文化研究有興趣者，或許也會對本書感到興趣。

貫穿整本書，讀者會發現許多來自於女性人類學家以及女性主義文學家作品的引證。很重要地，這些引證是完成這本書的目標，並且某種程度上呈現是因為：(1)我是一位女性研究者，而本書某種程度上是關於研究者的性別如何影響到兒童田野的過程；(2)許多著作帶來性別的議題，以及女性社會研究者嘗試著手於田野的主觀面向（見以下卓越的研究：Abramson, 1993; Back, 1993; Kulick & Wilson, 1995; McKeganey & Bloor, 1991; Wade, 1993，這些都是男性研究者所做的貢獻）。男性的觀點之所以無法涵蓋本書的旨趣，部分是因為過去文獻付之闕如，以及來自於我作為女性田野工作者經驗的案例。

本書的意圖在於鼓勵進行兒童（以及成人）的田野工作者，能將性別與種族因素在田野過程裡的影響列入考慮。但這兩個因素不能被視為影響田野過程中決定性的根源。相反地，我希望可以將本書視為刺激田野工作者之間，對這個議題進行對話的初步作品，因為進行兒童田野工作是相對未被探索的議題。

我關注方法論上的議題、資料蒐集與分析，以及對兒童文化的詮釋。此外，我看待田野工作與建立田野關係是一種雙向的過程（Maccoby, 1992）。舉例來說，田野工作者特定的因素與個人特質，影響了他／她與兒童的互動。在田野的關係裡，兒童是積極的行動者，而且他們的行為相互地影響田野工作者與他們的互動。在田野過程中，對此種影響與因素的認知豐富了民族誌的詮釋與書寫的作品。

最後，研究者其他因素與個人特質也會影響田野的過程。這些因素包括以下的幾種因素（但不限定只有這幾種而已）：(1)年齡（Thorne, 1993）；(2)社會與婚姻狀態（如Beoku-Betts, 1994）；(3)身體外表（如McKeganey & Bloor, 1991）；(4)研究導向（Clifford, 1983; Sutton-Smith, 1994）；以及(5)理論觀點與政治議程（Van Maanen, 1988）。縱然這些因素重要且應該獲得注意，但在本書裡並沒有討論到這些因素。我欣然承認性別、種族、年齡與社會狀態通常是糾葛在一起，並且協調地一起運作，作為影響著田野的關係與民族誌的詮釋。但這本書主要討論性別與種族這兩個獨特的屬性。

接下來的素材主要來自過去十二年以學校為前提，我所做的兒童田野工作裡的經驗案例。第二章「方法：從事兒童研究」提供了方法的討論，包括如何接觸到學校的田野地點、與兒童建立關係、訪談兒童，以及倫理的考量。在這章裡提供了從事兒童研究的實務策略。第三章「學校組織與文化」將介紹讀者關於學校教育、學校的人員與性別，以及田野工作者與學校人員的互動。本章也包括跨文化幼教經驗的材料。第四章「田野工作與性別」檢視在進行兒童田野工作與研究者性別之間的連結。本章所包含的討論是田野工作者的性別如何影響到方法的選擇、資料蒐集，以及民族誌的詮釋。表達的主題包括性別差異、兒童訪談、資料蒐集與觀察，以及對兒童文化的詮釋。第五章「田野工作與種族性」探索田野工作者的種族，在田野工作過程中的影響。討論的主題包括文化理想與價值，對兒童文化的解釋與童年跨文化觀點的影響。第六章「結論」則包括所呈現之理念與發現的摘要，以及對於進行兒童田野工作的實務建議。

第二章
方法：從事兒童研究

本章意圖並非要重複「如何進行兒童田野工作」這樣已經存在的指導方針，像是要採取什麼樣的角色、該如何學習兒童的文化，以及如何觀察與該觀察什麼之類的事情。在Fine與Sandstrom（1988），以及Pellegrini（1996）的文獻裡，已經非常簡潔地提到。相反地，本章包括傳統方法論上的關切，以及從事兒童研究一些實務上的策略。這些包括：(1)接近田野的地點，以及隨之而來接近文化的所有成員；(2)與兒童建立和諧一致的關係；(3)與兒童進行訪談；以及(4)倫理的關切。

此外，我探索研究者的性別與種族如何影響到兒童田野過程的一些面向。田野工作者個人特質在於引導田野工作經驗的重要性，這在針對兒童的民族誌作品中很少被理解或討論。

接下來的素材主要基於我過去十年間的兒童田野經驗，我已初步進行國小附幼的兒童田野工作，有時我也涉入托兒所與日托中心的田野。此外，我已經完成五歲到十一歲之間的兒童量化研究。

我的田野研究多數是花上整整一年的時間，我傾向追求的研究問題，乃是藉由長期與兒童相處下所產生出來的。有時我同時參與兩個研究計畫，在這些例子裡，一個總是短期研究，另一個則是一年期的參與。在我晚期的研究計畫裡，我在課程的第一天典型地進入田野，並於學期結束時離開。在我的田野過程中，我已經探索了兒童遊戲、種族信念、社會距離與友誼之類的主題。

過去這些年，我已經進行約有二十所學校的田野工作。我已經訪視十二個田野，大多是像學校相關的責任（例如在田野地點觀察學生）、被學校功能的引誘，以及家庭事務等等不同的理由。我所進行的學校田野工作有的是種族隔離的型態（有著多數與少數的族群人口），有的是種族混合的型態。我曾經在低收入、下層社會的學校裡進行田野，其中有些是無家可歸的兒童；我也曾在中產或是中上收入階級的學校裡進行田野，其中有些孩子是享有特權的。前者的田野通常有著高度比例的弱勢兒童，而後者的田野也有著高度比例的優勢兒童。對於每一個學校，我採取相同的策略得到許可來進行我的研究，並且與兒童採取相同的研究角色。

接近田野地點

獲得學校的許可來進行兒童的田野工作，乃是一件艱困且費時的任務。學校通常不太情願地給予同意乃因為眾多理由，包括與其他研究者的過去經驗、對兒童福祉的關切，以及這個計畫的本質或主題的考慮（見Graue & Walsh, 1998）。

當要求許可讓我來訪視兒童時，我一致性地採取相同的策略。首先，我聯絡學校的校長（或者是托兒所或日托中心的主管），看看我的到訪是否可以得到他／她們的同意。假若校長對我的研究計畫感到自在的話，我會寄上說帖給教育委員會。

說帖基於研究計畫而有所不同。對於我多數的田野研究，我所遞交的說帖包括詳盡地解釋這個計畫、我希望何時及如何訪視兒童、我的學歷證書與所服務的學校，以及對倫理關切的討論。倫理關切包括同意保護兒童與學校的隱私。我強調以下的規定：我承諾未來發表的任何著作裡，會用假名來指稱兒童與學校，以及我不會對兒童照相與錄影。很典型地，在教育委員會的會議中，我的研究計畫進行口頭報告的時候，並沒有得到任何通過或是遭到拒絕的提議。一旦被接受時，我的學校配置就開始安排。我習慣上會安排與學校校長及主要參與研究的老師碰個面，討論這個研究計畫。

從事學校中兒童研究的田野工作者一定會遭遇到，兒童很少可以對於自己同意參與研究這件事負起責任。相反地，同意的獲得不是來自教育委員會，不然就是來自家長。這部分是因為兒童的未成年身分（Fine & Sandstrom, 1988；見相關的著作，如Hall & Lin, 1995，以及Wescott, 1994。這兩筆文獻討論兒童證人與兒童心理健康處遇的倫理關切）。

舉例來說，任何我進行的研究是以學校為對象時，我無法獲得個別家長的一一同意。教育委員會可以替兒童的權益把關，並且授予我的研究計畫許可，部分是因為這些研究是可被觀察的研究，以及我承諾保護兒童與學校的身分。需要接近兒童記錄的實驗性操作、診斷的檢驗與研究，乃更難進行與被接受，這是因為這樣的設計需要父母的同意，以及混亂了兒童日常的作息。

就現實上的狀況，再加上兒童也不像是成人，兒童很少有權利成為參與者。我同意Fine與Sandstrom（1988）的看法，我總是要把「我的研究計畫是適當的」這樣的解釋提供給兒童。在上課的第一天，我邀請兒童與我一起圍著圈圈坐在地板上。那個時候，我解說我的計畫給他們聽，我回答他們對我研究計畫任何的問題，或者我在他們教室中所呈現出來的問題。我告訴他們，我問的問題並沒有對或錯的答案，假若他們沒有意願的話，就不需要參與活動。有些兒童很難相信成人真的想要跟他們一起上學，以及學習像是遊戲或是友誼這樣的事情。我猜想對兒童而言，學校是孩子們去的地方，然而卻成了成年人變質去工作的地方。多數兒童接受我研究計畫的解釋與呈現，並且多數的兒童在此之後，從未有其他的想法。

與兒童建立和諧一致的關係

進行年幼兒童田野工作中最重要的要素乃是有著從事兒童研究的意念（Fine & Sandstrom, 1988）。從事兒童研究的研究者應具有下列人格特色與特質。他／她應該：(1)有耐心；(2)根據成人的標準，不會擔心愚蠢幼稚的行動；(3)預備去經驗兒童有意的操控與宰制，特別是在遊戲的時間（如Fine, 1987; Fine & Sandstrom, 1988; Kelly-Byrne, 1989; Mandell, 1988）；(4)能夠勝任兒童發展的事情；以及(5)有意願接受幼童的真誠坦率（Holmes, 1995）。

沒有任何一個條件是間接地與研究者的性別有關聯，或是受到研究者性別的影響。男性與女性的田野工作者一樣可以擁有這些特色與特質。此外，多數男性與女性的田野工作者在對兒童進行參與式觀察時，都採取「朋友的角色」（friend role）（Fine & Sandstrom, 1988; Mandell, 1988）。Mandell（1988）定義在研究兒童的「最少的成人角色」（least adult role），作為田野工作者對兒童不施加任何權威、且以友誼聯繫為前提下，建立彼此的信任關係。達成友誼角色必然的關鍵要素乃是表達正向的感受，並且有意念（desire）與兒童在一起，不傳輸教條，以及以尊重的方式對待兒童（Fine & Sandstrom, 1988）。

像這樣的角色允許研究者獲取兒童的信賴，以及減弱研究者的權威——這樣的權威固有地隱含在成人的社會地位裡。這是當我對所有年齡的兒童進行研究時所採取的角色，我相信這是我能夠更容易獲取兒童信任的理由。

舉例來說，我相信以下的行動可以幫助我與兒童建立和諧一致的關係。首先，可行之處是我要求派車，所以我可以與一些兒童一起搭車上學。校車是一個建立關係的好地方，特別是因為這裡最少成人干預。第二，我要求老師對我就像是對一個學生。我與孩子一起做學校功課、與他們一起用點心、上體育課、參加學校的旅行，以及任何我所做錯的事都該得到老師的訓誡（即便只有五分鐘的訓誡而已，這樣的時刻讓我非常難堪）。我繳交回家作業，並且試著表現出不同於其他成人在學校中的行為方式。

第三，我總是使用兒童的用具（例如蠟筆、鉛筆、繪畫顏料）。舉例來說，雖然成人的座椅舒服得多，但我坐的是他們縮小版的椅子。第四，我總是在兒童的視線高度上與他們互動。因此，當我與兒童互動時，我花了很多的時間彎著腰、跪下來或是坐在地板上。當他／她坐著而我站的時候，我從來不在這時對小孩說話。這只會強化兒童已經知道的事情——成人比他們更有權力。

最後，我企圖盡速學到兒童文化上所認可、對於兒童—兒童以及兒童—成人互動的回應，包括學習如何要求加入學校遊戲的團體、如何回應老師的要求，以及如何玩不同的遊戲與活動。這些行為的總目（behavioral repertoire）是分享與合作一樣重要。這通常也不是祕密，孩子們喜歡那些喜歡和他們在一起的人相處。

對年幼的兒童來說，遊戲與友誼是分不開的，在我成為一個稱職的玩伴之後，得以建立並維持與兒童的友誼。與兒童建立和諧一致的關係，這是個很棒的方式。我被邀請到兒童的生日派對，而且沒有被他們界線分明地貼標籤或認定我是老師，這都是很清楚的符碼，代表著我與兒童所建立的和諧一致關係，以及我獲取他們的信任。

縱然成人的田野工作者很有可能參與兒童的文化，我必須承認在兒童與成人之間的顯著差異（例如：身體的大小與權力）從未被完整消除。成人的田野工作者從未完全被兒童的文化所接受，因為他們從未放棄成人的地位。相反地，在田野工作者的企圖下，田野工作者變成了學習者，兒童卻成為教師，如此才能體驗到兒童認知世界的方式。

兒童已幾度操弄了我們的友誼連帶（又見Kelly-Byrne, 1989）。許多兒童已企圖使用我們的友誼連帶（像是威脅去解決問題）來強迫我替他們做家庭作業。面對這樣的請求，我總是以拒絕來回應，並反擊地要求他們幫我寫我的作業。我的拒絕協助並未顯現出有影響到我們的友誼，因為在我拒絕幫忙之後，這些孩子與我仍然是朋友。我相信他們僅僅只是在測試我們關係的界線而已。

即便我不想參與，我還是常常被迫玩遊戲（我必須要補充一點，我總還是會抱著熱忱參與）。這通常發生在當我試著去觀察其他活動時，或者我已經在建立好的遊戲團體內一起玩的時候。我經常被指派為獵物與獵人（在打獵的遊戲裡）、投手，以及大姊姊的角色（雖然我比較偏好其他的遊戲角色）。此外，我總是讓兒童引導遊戲（當然除非我就是遊戲團體的首領），我也從未強迫他們玩我想玩的遊戲。大多數的時間是兒童命令與控制我的遊戲行為。

這表達了晚近後現代社會科學研究者對研究者—受試者，其關係本質的關切（如Clifford, 1988; Van Maanen, 1988, 1995）。成人—兒童的關係明顯有差別並且不對稱，這是因為在年齡、身體尺寸所擁有的與權力之間的落差。我知道兒童應該會對我的眾多要求有正向回應，因為年幼的兒童典型地會尋找成人的許可。我並不想要兒童感到壓力才與我交談，所以我讓他們先接觸我，且當我認為他們對我感到自在時，我才開始問問題。我對於請他們協助我的請求，通常是這樣開頭的：「如果你現在沒有忙著玩遊戲的話……」，或者當我們在玩遊戲時，我會簡單地與孩子聊一下。

然而，我經常被兒童宰制與操弄（又見Kelly-Byrne, 1989，這個民族誌裡有討論到她固定與一個小孩一起玩的經驗）。對我而言，這闡明了對兒童行為與社會互動進行解釋時，要認知到脈絡訊息的重要性。借用Rosaldo（1989）的「配置的主體」（positioned subjects），以及基於我與兒童的脈絡性互動，在我的兒童田野關係中，有一種權力不均衡的狀態。這樣的比例經常在兒童的偏好中透露出來，關於這樣的說明需要解釋如下。

首先，我的成人身分可想而知已經在教室裡減弱了。我對老師解釋我需要消除我的成人身分，好讓孩子們盡可能把我當作學生。為了完成這個局面，教師對我盡可能像是對學生一樣。第二，在田野的過程中，我採取朋友的角色。兒童知道我既不會規定他們，也不是代表一個真正權威的形體。我唯一會干預的時刻是當兒童涉入打架，或者我認為兒童會有肢體上的傷害，因而我會採取行動制止（又見Fine & Sandstrom, 1988）。我也相信兒童能覺察到我所擁有的雙重社會身分——亦即學生與成年人。有一些兒童在這方面非常聰明，並且協商著能最佳地幫助他們完成其目標的社會狀態。

其他兒童試著（而且有的兒童會接續而來）與老師探討我的角色。舉例來說，有一些兒童意圖將我置於必須有所妥協的處境。在某個例子中，Todd要求我把一些玩具（這些玩具是兒童從家裡帶來的，學校並不允許這麼做）放回儲藏櫃裡。因為我固定一週訪視兒童一次，我倚賴他們來教導我教室裡的規則，這也有助於我建立與孩子和諧一致的關係。我並沒有覺察到Todd要求我收好的這些玩具，在教室裡是被禁止的，我還繼續收拾著（看到他笑得張大了嘴，我就該知道這不是個好主意）。老師告訴我，兒童從來不會去碰這些玩具。然後我被要求講出要我收拾這些東西的人是誰。我知道受歡迎的孩子不會洩密，而且也不應該告發朋友。我簡單地回應我是在收拾我自己的東西。結果，在自由遊戲時，我被剝奪了五分鐘的時間。我沒有告發Todd，這強化了我與他所建立的和諧一致關係，並且我們變成很要好的朋友。我學到並運用友誼的規則，像是這些規則如何影響到他們（以及我自己）遊戲的行為，以及友誼的連帶如何被維持、操弄與交易，以符合某個人的需求。

有時候看起來就好像是兒童命令且控制了我的研究計畫導向。有時我想被動地觀察有興趣的活動，但這往往不太可能。兒童占去了我的時間，當我在觀察時，他們拉著我跟他們一起玩，在我試著草草記下田野筆記時，他們也打斷了我。我學到跟隨兒童的節奏而移動，在遊戲時記下筆記，以及對於兒童的要求採取「文化上可接受的回應」——這樣的回應經證實非常有效。舉例來說，當兒童厭煩某個人的遊戲活動，經常就自然地走開，不會運用言語告知和他一起遊戲的個人或團體。當我需要離開遊戲團體或離開某個令人吃力的兒童，或者想要觀察其他活動時，我也採取這樣的策略。

訪談兒童

有大量文獻已討論過關於訪談兒童的相關問題，特別是兒童為性虐待的犧牲者（如Faller & Everson, 1996; Greenstock & Pipe, 1996; Steward, Bussey, Goodman, & Saywitz, 1993）。基於以下的理由，訪談田野中的兒童，尤其地點是在學校時特別會有問題。首先，縱然在自由遊戲期間（這個時間最有生產性）你會有許多機會訪談兒童，但噪音的層次很典型總是相當大聲，背景的噪音更是擾人。在遊戲期間，錄音帶常常起不了任何作用。我所使用的若非替代性的田野筆記，就是在安靜的時間我可以與兒童交談。而且就是那麼巧，當你已經深入參與好的訪談時間裡，兒童可能同時決定起身，並且加入他／她鄰近的遊戲團體。其他的時間，許多兒童會打擾你的談話。

因此，男性與女性的田野工作者必須想出策略，使得與他們在一起的兒童以及他們工作的教室環境產生豐饒的意義。舉例來說，偶爾在自由遊戲期間，我做好一頂帽子，要求兒童與我玩報社記者的遊戲。這是有生產性的，因為兒童似乎有意願玩，而且我可以非正式的、個別的，以及在小團體中跟他們做訪談。遊戲通常持續了一段時間。我們交換角色，而且兒童也有機會訪問我，以及當我在說話時，記下田野筆記。這是個很好的策略，因為有些兒童無法理解為什麼我總是在筆記本裡寫下東西，或者我在筆記本裡寫下哪些東西（甚至我總是重複地告訴他們）。當我們在玩遊戲時，他們總是模仿我，這也讓我們彼此有機會參與互換的角色中。

訪談兒童的議題，就是一個人如何用語言表達來詢問。Elizabeth Loftus（1975, 1991；又見Loftus & Zanni, 1975）已廣泛地寫下目擊者的證詞，以及問題的措詞如何影響到事件的記憶。關鍵在於避免把問題帶錯方向，或者讓孩子說你想要聽的東西（如Greenstock & Pipe, 1996）。為了避免發生這些問題，我用許多不同的方式表達問題，並試著在相似的方式上，給予全部的兒童相同的問題（Holmes, 1992）。此外，要發展恰當的詢問也是另一件要事。兒童之間的語言競爭力有很大的差異，因而我依循著兒童的語言能力修改問題與對談。

我既不對兒童進行結構式的訪談，也不會想把他們帶離開教室，只為了達成訪談他們的目的。帶離教室的處境，會讓兒童產生焦慮，把兒童與同學分隔開來，主要是因為他們某些行為舉止的失禮。我發現非正式或未結構化的訪談（在自由遊戲期間的教室、遊戲場、校車上等等）運作起來效果最佳，並且當我與兒童交談時，我會要求兒童替我繪畫。這個策略似乎奏效了。大部分的兒童喜歡繪畫，當他們在畫畫時，會更專注在其中。因此他們能夠回答問題，而不會分心，並且在他們加入其他遊戲團體前，通常會選擇完成他們的創作（Holmes, 1995）。有一個技巧：我傾向在兒童的視線高度下來進行兒童訪談（例如我們彼此都可以坐著，或者當孩子站立時，我會蹲下來）。

考量到兒童的種族性有助於促成訪談。舉例來說，非裔美籍的兒童是被社會化成為更具有以人為本（people-oriented）的導向，並且傾向在小型的競爭團體中，表現得比歐裔美籍兒童更好（如Hale, 1986）。非裔美籍兒童似乎享受著團體的安置，兒童能夠維持長時間的交談，有機會與其他人互動，並且當我以某個團體形式來進行訪談時，比較害羞的孩子傾向於參與我的訪談。你必須引導兒童的敘述至你想要追求的方向上，否則你容易蒐集許多個人的軼事，而未能連結到主題上。我與個別兒童使用非正式的訪談，就是當我們在一起玩，或者是當我要求他們替我畫畫的時候。這兩種情境的規劃都很有生產力。

相較之下，歐裔美籍的兒童被社會化成更為個體主義，比起非裔美籍兒童也更為獨立（如Hale, 1986）。我發現歐裔美籍的孩子更容易進行個別訪談，比較不適合團體的設置。因此，從事兒童研究的田野工作者必須考慮到在訪談技術與兒童種族之間的適合性。

倫理的關切

藉由個人的德性與倫理的專業符碼，所有的研究者痛苦地覺察到需要保護其參與者的權利。對於進行未成年者田野工作的研究者而言，這正是一個最重要的關切（如Fine & Sandstrom, 1988; Sieber & Sieber, 1992）。在本章前面的部分，我已經提到從事兒童研究時，關於倫理關切的相關議題。首先，根據相關的說法，兒童只有少數權利來決定成為研究的參與者，並且通常同意他們的參與還必須獲得成人的授權，像是教育委員會或是家長。

第二，所有的田野工作者承諾保護他們的參與者，免於過度的壓力與傷害。對象是兒童的時候，對於他們福祉的特別考量包括在田野訪視期間，任何可能發生的生理、心理或情緒的傷害。這樣的傷害可能發生在學校，或者透過外在的來源而遭受傷害。只有當我相信如果我不這麼做，會導致兒童在生理上受到傷害，我才懲戒兒童。然而，在學校的田野工作者或許會遇到某些處境是，兒童的生理或心理傷害是在其他環境中造成的。因此，從事學校未成年者研究的田野工作者，必須預備去處理處境的多樣性，這些處境潛在地威脅到兒童的福祉，而且這些田野工作者必須在合適的課程中接受訓練，以便可以在這樣的環境裡採取行動。

這些環境之一就是要對可能的兒童虐待加以質疑。在過去幾年間，我曾覺察到兩位兒童身上可疑的瘀傷，並且立即向老師報告他們的情況。在我進行田野工作的那一州，法律要求老師要回報這類事件。因此我知道教師通報瘀傷，為了報告這樣的懷疑，將會導致接下來的司法程序。在這個個案中，我覺察到瘀傷是當兒童在小型的兒童遊戲場（jungle gym）裡，倒吊在立體方格攀爬遊戲組的時候。在兒童身上我發現很典型且並不尋常的瘀傷，這是在體育課時被揭露的，而且戶外遊戲是在溫暖的天氣下進行，因為兒童傾向穿著輕便與較寬鬆的合身衣服。

對兒童心理、情緒與生理福祉的威脅，或許也會在田野工作者與兒童私下的談話中被揭露出來。Kevin是個可愛、友善而敦厚的孩子，我們很快地就成為朋友。然而在過去幾個月的課程中，我注意到他的舉動與行為上的改變。

雖然他依舊是一個很敦厚的孩子，但他變得特別憂鬱。有一天當他和我單獨在沙箱玩耍時，他說：「我可以告訴妳一些事情嗎？我恨我的生活。我想要殺掉我自己。」這樣的陳述連接著他行為上的改變，格外使人心神不寧。下課後我立即告訴他的老師，並重述Kevin與我的交談。這件事情伴隨著關切與急迫性，之後這件事也在Kevin並不知道我已向他的老師揭露此一私下對話的狀況獲得處理。

第三，有一個正當性的關切，就是學校的教職員可能成為兒童性騷擾指控的目標。在每一個我所訪視的學校裡，我都被校長或是資深教師告誡，不要和孩子有任何形式的身體接觸。我被告知不要讓自己置身於這樣的處境，像是我與兒童單獨在房間裡，或者不要給予兒童任何不必要的急救。我遵守學校的規定，覺察到可能會提出來的法律議題——例如，假若我與孩子互動時，我們有著身體上的緊密接觸。我向校方坦承，對我而言，要做到不要溫柔親切地對待孩子是非常困難的事。偶爾當孩子來到我面前尋求安慰時，我無法避免會弄亂他們的頭髮，當他們搔我癢時我也會搔他們癢，或者把手臂搭在他們的肩膀上。

就像England（1994）提到，田野工作是個人的，並且在進行兒童的田野工作時，我發現去區分我的專業（客觀）與個人（主觀）的行動非常困難。自我與他者這種理論上的區隔，並不是那麼容易在兒童的田野工作裡完成。就像Back（1993）說到，在田野的期間，自我與他者的界線變成要重新定義與模糊不清，並且我也掙扎於如何維持這樣的區別。我選定了一個感到自在的位置——「自我即他者」（self as other）。因此，透過肢體的行動，我經常展現我對兒童的情感，像是弄亂他們的頭髮、握住他們的手，以及擁抱等等。

一旦我被告知關於與兒童肢體接觸與其法律意涵的學校立場時，這樣的主題從未再次被提起。我發現這樣的不尋常是因為在很多場合裡，像是課堂的郊遊，家長看到孩子擁抱我，且從未質問老師我在學校裡的身分，或是我為什麼會出現在教室裡。可想而知的是，他們對行為與社會的暗示是有反應的（有一位歐裔美籍的婦女非常自在地處於學校的設置，而且她年紀與學生家長們差不多），並且認為我是個老師、家長，或是實習教師。有關美國社會裡的學校文化，這些都是婦女可以執行的正當性角色。

幼童的老師通常不會是男性（如Cohen, 1990; Kauppinen-Toropainen & Lammi, 1993; Rury, 1989），並且在大多數學校裡，從事幼童研究的男性研究者相當罕見。他們的存在較難以解釋，因為大多數美國父親在學期期間，不會到孩子的教室訪視。相較於孩子的母親與其他女性，則顯而易見地出現在學校裡，並且經常成為教師助手與課堂幫手的志工。

當與孩子互動時，很顯然地，田野工作者的性別也會影響到在場個體的看法。在美國文化中，我們很少質疑陌生女性的成人一兒童之間的互動，我們比較會質疑陌生男性的成人一兒童之間的互動（Rane & Draper, 1995）。[①]此外，養育的特性歸屬於婦女這樣的想法，引發了對於男性在美國社會裡，可能會表現出的性騷擾與虐待的質疑。[②]這些特性雖然豐富了兒童早年的教育經驗，然而因為社會的壓力，男性教師很擔心遭到抗議（Allan, 1993; 又見McKeganey & Bloor, 1991，這筆文獻提到局外人感知到異性的成人一兒童田野關係的例子）。

其他關於進行兒童田野工作的倫理考量，特別是針對低收入、弱勢的兒童（如Scott-Jones, 1994），這乃是一個相互性的議題。關於相互性，在一年的期間或是我的田野工作結束時，我偶爾對

① 我在兒童遊戲所教的是質性方法的課程。在這個課程裡，學生必須到校外的田野地點進行研究，像是日托所與小學等。在我們訪視召集人或校長的期間，學生被告知當進行兒童研究時的倫理關切。在這些訪視期間，對於男童與女童適當性的差異對待，則是更加具有說服力。男性的學生要特別留意，因為他們是年輕、陌生的男性，並且可能被家長或是中心的其他成人視為會對兒童猥褻的人。

② 在一般的人口群裡，男性的確做了許多對兒童猥褻的實例，但是這個模式在兒童托育的環境中並不見得是對的。

（整組的）兒童請客或是招待他們好吃的糖果。兒童幫助我學習到他／她的文化（例如幫我畫畫，或者參與非正式的訪談），但我從未給予他們報償或禮物。

然而，當我們在貧窮的學校裡進行兒童的研究時，田野工作者經常要遭遇及面對兒童生活在嚴酷的現實與環境中。我們很難不去認知兒童所體驗到的異類童年，以及認知到毫無權力的兒童如何生存在成人世界中。在這些設置下，我發現在田野研究期間與之後，很難能保有超然的方式。

在貧窮的學校裡，我不具名地捐贈衣服與玩具給這些孩子們。我也要求在我大學課堂裡的學生，捐贈衣服來改善這些兒童的處境，我的學生也已親切地回應了我。我並不相信我只是一個寂寞的改革鬥士，或者我只是在展現某種特別的慈善行動。縱然這對我很重要，我知道這些行動不會導致兒童生活品質上有著任何可以辨別的改變。有一些兒童的老師基本上也定期地做了這樣的舉動。女性主義的文獻在某個範圍內期待發表的著作，應該包括學者如何幫助了他們所研究的對象（D. Wolf, 1996b）。

對我而言，承諾保護孩子不受到傷害，以及確保他們的福祉可以延伸至對他們提供物質性的物品。我直接歸因我的行為乃是來自我個人微觀體系（兒童應該被照顧與保護）與鉅觀經驗（美國的婦女被社會化為養育兒童）這兩個方面的社會化經驗。

我並不認為我個人參與在田野工作中，成為描述與詮釋兒童文化的阻礙。相反地，我看待我的行動，乃是對於兒童文化的詮釋增加了力道，因為我考慮到兒童整體的生活經驗，以及在我進行兒童田野工作的時候，我所體驗到的情緒。

在本章總結之前，我希望簡短地表達兒童與研究者種族之間的關係。首先，後現代社會研究者的關切之一，就是要涉入研究者－受試者之間的關係。就這點而言，我進行研究的多數兒童是來自於非裔美籍、歐裔美籍以及拉丁種族的團體。因此，只有少數參與研究的兒童，他們與我之間在種族上是相配的。

在我的作品《幼童如何覺察種族》（*How Young Children Perceive Race,* 1995）一書中，我主張我的種族背景不會影響到我詮釋兒童經驗的能力。我仍然相信這是對的，基於幾個理由：第一，其他研究者也已經指出調查者的種族背景，並不會影響到在這個研究計畫中兒童的主體（如Clark, Hocevar, & Dembo, 1980; Corenblum & Wilson, 1982）。相似的報告也顯現在以成人為對象的研究中（如Berik, 1996）。舉例來說，Stack（1996）與Back （1993）已經在他們的田野研究過程中，避免了種族性的影響，並且與黑人社群建立田野的關係。

第二，我從未經驗到因為我的種族背景，以致我無法與孩子建立和諧一致的關係。我從未被兒童拒絕與他們互動，只因為我是個白種人，或者在膚色、傳統與宗教信仰上與他／她不同。[3]相反地，我相信兒童對我的判斷是根據我與他們建立的角色（像是朋友的角色），我渴望與他們在一起，我是如何樂於成為他們的玩伴，並且事實上我也遵守著教師的規則。

③ 幼童並不像是社會研究者，他們對種族團體不會使用武斷與社會建構的詞彙。因此，幼童傾向對人類別化乃是基於明顯的特性，像是膚色或是語言。當他們要辨認個體，或者把某人歸類到某個團體時，參與我研究的兒童所使用的詞彙像是白色（white）、棕色（brown）與黑色（black）（見Holmes, 1995）。

第三章 學校組織與文化

因為多數的兒童田野工作發生在學校（Goodwin, 1997），本章的素材包含幼童教育經驗的相關訊息，以及田野工作者在這個環境裡的互動。主題涵蓋了學校教育、學校如何反映出文化的價值（這在第五章「田野工作與種族性」將繼續討論，就像這是關聯至田野工作者的文化背景）、學校課程、學校與性別，以及同儕文化。

教育

為了社會可以運作，必須找到維持與傳遞其價值、信念與認知方式給下一代的方法。教育是一個可以實現此種功能的制度（Spindler & Spindler, 1990）；社會教育兒童的手段乃是文化特有的方式（Woodill, 1992）。

根據Johnson（1985）的說法，教育是「系統性地傳遞與灌輸社會與文化的訊息」（p. 8）。他主張從教育得到的，遠比從事實與文化知識得到的還要多。透過教育的過程，個體獲得更多關於他們自身存在的深度理解。

在教育過程中，包含了兩個互補的社會與文化力量：(1)社會化（socialization）——這是一個人從父母、老師、手足與他者身上，獲得文化上可接受行為類型的過程（Ember & Ember, 1988）；以及(2)濡化（enculturation）——這是透過觀察與推論來間接傳遞內隱的知識，幫助年輕成員學到文化上可接受的行為（Segall, Dasen, Berry, & Poortinga, 1990）。

社會化與濡化二者均是描述個體如何學習到文化上可接受的行為方式的過程（Chick & Barnett, 1995）。然而，這兩個過程並不能互相交換。相反地，社會化過程也就是社會控制。以美國兒童在學校中所體驗到的社會過程為例，在學校的設置裡，教師與學生、較大的孩子與較小的孩子之間的關係，扮演著一種社會控制機制的形式，這塑造了兒童的社會化經驗。相較之下，濡化知識的獲得初步是透過推論與觀察，而非來自訓練有素專家的直接教導。在這過程中，社會控制是缺席的（Segall et al., 1990）。

不同的教學方法已被認為具有跨文化的特性（見Ahmed, 1983，在傳統、非正式與正式教育技術下的運作）。在這本書中，我所關注的是傳統西方的正式教育方法——學校教育。

美國人的生活經驗有很大一部分是發生在離家之後的設置裡。舉例來說，大多數的成人花很多時間在工作，兒童則是將大半天的時間都花在學校裡（Goodman, 1992; Rutter, Maugham, Mortimore, & Ouston, 1979）。就像Goffman（1961）提到，在機構裡，個人的運作乃是根據特定的行為腳本。在先進國家中最可看見的機構之一就是學校，在這些先進國家的社會裡，學校在學業的教導與兒童的社會化上，扮演極為重要的角色（Goodman, 1992; Spindler & Spindler, 1990; Tobin, Wu, & Davidson, 1989）。

學校文化作為社會文化意識型態的反映

因為學校的兒童田野研究已經在不同的國家裡運作（如Laing & Pang, 1992; Tobin et al., 1989），我將討論不同文化底下幼稚園教育的哲學。我的焦點擺在幼兒教育，這是因為我的多數田野研究對象為幼稚園（以及托兒所）的兒童。

在美國的學校體系下，幼稚園為義務教育的起點。[①]美國幼教學會（The National Association for the Education of Young Children, NAEYC）有著前瞻性的指導方針，強調兒童最有效的發展與個人學習在於生命的頭八年（Bredekamp, 1987；又見Bredekamp & Rosegrant, 1992）。雖然並未詳列徹底的清單，這些指導方針強調了以下幾項的重要性，像是統整學習、遊戲與探索的學習、兒童從手邊的機會中自我選擇（self-select）活動、理解個體在學習與發展上的差異，並且鼓勵老師採取小團體與個別教學而非整個團體的教學方式（又見Hsue, 1995）。

有一些當代幼稚園課程仍然強調學業上的技巧，而忽略兒童整體的發展。Gelb與Bishop（1992）報告今日多數的幼稚園課程，比過去十年在國小所教的課程還要豐富。但美國這種加速且不切實際的幼稚園課程，並未真實地掌握到跨文化的特性。

在阿根廷，四歲與五歲兒童的學前教育經驗相當於美國的幼稚園。阿根廷的兒童上幼稚園有半日班與全日班兩種選擇；全日班的興起部分原因是為解決職業婦女的托育需求。在認知到學前教育對

① 美國的學校絕大部分反映了歐裔美人、中產階級的文化理念（Spindler & Spindler, 1990）。在多元文化課程的介紹與執行下，開始改變這樣的想法。

兒童整體發展的重要性之下，目前的趨勢是整合學前教育課程至國定課程裡面，而非由省來進行個別的控制（Hurtado, 1992）。

在澳洲，幼稚園與托兒所是同等性質的機構，而且是在義務學校教育之前的教育經驗。兒童可以選擇上每週一到五的幼稚園半天班。家長對於幼稚園的信念，集中於幼小銜接的預備功能，以及社會化的好處。澳洲的幼稚園課程就像日本與中國的一樣，強調遊戲作為兒童學習的中介。因此，自由的遊戲占了學校一整天的絕大部分時間。其他在澳洲課程裡最突出的部分，包括協助兒童自力更生、提升語言的技巧與自我的表達，並且鼓勵解決問題。最後，相較於美國的學校，澳洲的幼稚園老師引導兒童的學習體驗，而非命令兒童應該從事的活動（McLean, Piscitelli, Halliwell, & Ashby, 1992）。這樣的作法與幼教專家蒙特梭利（Maria Montessori）的哲理相仿。

其他國家也把幼稚園從小學與義務教育中區分開來。在伊朗，幼稚園被視為正式學校教育的預備。上幼稚園並不是義務性的，並且多數上幼稚園的兒童是為了日托照顧的安排，而非為了學習的目的（Sabbaghian, 1992）。

美國

學校的文化作為社會的文化價值與意識型態的反映。除了傳授學業知識之外，學校（與家長、親戚、同儕、宗教機構、媒體一起）運作為兒童社會化的機構之一（Johnson, 1985; Spindler & Spindler, 1990; Tobin et al., 1989）。

美國的學校文化無疑是美國主流文化的反映。在美國的學校裡，兒童學習適當的美國核心價值——像是成就與追求第一、個人主義的文化意識型態（Spence, 1985; Triandis & Berry, 1981），以及他們在美國社會中的地位。美國的學校提升自我規訓與選擇的自由。學童很快地學到符合成人認可的成就，並且透過自我的規訓與辛勤的努力來獲得這項成就（Engel, 1988; Spence, 1985; Spindler & Spindler, 1990）。②甚至由美國幼教學會提出的立場宣言，反映了平等、公平與正義等美國的核心價值（Hsue, 1995）。

學校是兒童學到成人所預期的文化適當回應的場所之一。此外，學校（像是個鄰里地區）是兒童學習與獲取同儕知識的環境（如Corsaro & Eder, 1990; Konner, 1991）。社會化的過程始於幼兒園，在那裡，兒童學到父母的預期與文化的價值，像是獨立與自力更生。這些在幼兒園環境裡所表達的價值，允許兒童自由地去選擇自己的活動與自我表達的探究。

日本

越來越多的婦女進入職場這種全球性的趨勢，已經跨文化地影響到學前教育（Woodill, Bernhard, & Prochner, 1992）。在全球許多國家中，學前教育變得非常普遍，部分是因為這是一種托育問題的解套方式。

在日本，學前教育發生在兩個不同體制的機構：幼稚園（yochien）與保育園（hoikuen）。幼稚園與保育園的最後一年，等同於美國幼稚園的經驗。幼稚園與保育園之間的差異，等同於美國幼兒學校（nursery schools）與日托中心（day care centers）之間的區

② 這強調內化自我控制與規訓的價值，這是對比於歐洲學校裡所傳遞的價值（Spindler & Spindler, 1990）。

別（Tobin et al., 1989）。幼稚園所收托的兒童年齡是三到六歲，而保育園所接受的孩子年齡範圍是六個月到六歲。

此外，相較於美國的教學法，日本的幼稚園並不屬於小學經驗的一部分。日本的義務教育始於六歲之後，並且持續九年（Tabu & Aoki, 1990）。Tabu與Aoki（1990）彙編日本幼兒教育的完整觀點與描述，接下來的摘要是擷取自該書中的片斷。

三到六歲之間的日本兒童在這段期間裡的任何時刻，是有資格上幼稚園的。一年的上學天數為二百二十天，每天上四小時。在日本幼稚園裡，典型的一天始於孩子進到學校時，向老師打招呼、把個人物品放到置物櫃，以及在課堂開始之前有幾分鐘的社交時間。這可比擬美國幼稚園的晨間例行活動。

美國與日本幼稚園之間的不同，在於對特定工作上所投入的時間比例。舉例來說，在日本的幼稚園裡，遊戲占據課程的核心焦點。遊戲作為一種中介，用來教導兒童真實的知識、社會技巧與團體價值。事實上，教師角色的其中一部分是選擇發展上適當且具有刺激作用的遊戲活動。當老師覺察到孩子怠慢或開始無聊時，他／她會介紹新的遊戲活動給孩子。兒童花了很多上午的時間參與遊戲的活動，然後在午餐時間稍事休息。在用完午餐後，孩子午睡並參與安靜的活動，像是閱讀書籍、玩拼圖與摺紙。在學校一日的期間，重點在於鼓勵團體的互動（如Tobin et al., 1989）。

這與美國的幼稚園形成了對比。在1987年，美國幼教學會提出職務報告，其中包括了從出生到八歲兒童的最佳教育實行（Bredekamp, 1987；又見Bredekamp & Rosegrant, 1992）。這樣的報告對早先的課程產生了回應，該課程強調教師主導的教學，以及學業技巧的訓練（Schickedanz, 1994）。令人印象深刻的幼稚園教室裡，我們可以觀察到兒童的遊戲以及與同儕的工作、多樣化的材料選擇、人數精簡的團體教學、兒童的藝術作品、學習經驗可整合到兒童的生命經驗、豐沛的遊戲時間、不用經常完成學習單，以及課程能夠容納在學習上的個別差異（《*Top 10 signs*》, 1996）。

我在幼稚園教室的田野工作經驗中，教室的實行並不總是符應著由美國幼教學會所制定的課程指導方針。我已經體驗到在教室實行的截然對立的極端。許多有了更適當實行的卓越教室，符合並且超越美國幼教學會的指導方針。許多老師經常安排小型的合作團體，並且整合兒童的生命經驗至教室的學習、鼓勵兒童的探索，以及運用突發性的課程。在這些教室裡的學習單僅僅占一天中很小的比例而已。其他學校在過去十年裡，兒童的日常例行活動很少改變。大多數好的教室是學術導向的，而且兒童花了一天中很大一部分的時間在團體教學上（Day, 1988; Gelb & Bishop, 1992）。

在我所訪視的幼稚園教室裡，每個教室都擁有非常相似的課程，雖然個別的老師在教室裡試著整合創新的教學技術與主題，但大多數的老師還是延續著共同的例行安排。在早晨的時段，孩子進到教室、向老師打招呼、把隨身物品放到置物櫃，以及參與一小段時間的自由活動，然後一天的課堂例行公事即展開。典型幼稚園的一天通常被劃分成好幾個區段，特定的時段專用於上日文五十音、數學概念、藝術與工藝、閱讀、自由遊戲與體育課。就像Bredekamp（1987）提到，這樣強迫的取向部分是由於教師想要「涵蓋課程」（p. 63）的急迫感。從傳統學習單的方式轉變至小團體的合作學習與兒童引發的活動，許多教師表達他們意念上的挫折。然而他們的意念被事實所取代，因為他們必須遵照學校的課程。事實上，學校維持原狀的運作就是倚賴這一點。

特定的活動，像是發展教育與圖書館，很典型地安排在每個禮拜的同一天，並且是在當天的同一個時段。電腦課通常也是在校每週一次且擁有必要的軟硬體資源。貧窮的學校很典型的則是每間教室裡只有一部電腦，兒童必須共享這個資源。在某些教室裡，很少實施小型的合作學習團體。相反地，孩子花了一天中很大部分的時間參與教師所引導的方案，而兒童必須獨自完成這些方案。教學時間的範圍大約是十五到二十五分鐘。有些老師期望所有的兒童同時間完成，不太關注個體的差異。當允許其他兒童可以往前進行到下一個活動時，動作較緩慢的孩子必須坐下來完成作品。有些動作特別慢的孩子被要求把未完成的課堂工作帶回家，並且需要完成這項作品作為其家庭作業。有兩所學校並未給予幼稚園的兒童戶外遊戲的時段。

從光明面來看，所有教室都擁有各式各樣的遊戲媒材、戶外遊戲的時段、教室的寵物、兒童創作的展示，並且鼓勵兒童之間的互動。每位老師鼓勵她的學生自我探索，並且試著把學習作業的經驗種類納入兒童的一天中。

相較於日本的托兒所，美國幼稚園中的遊戲僅僅占據著邊陲的位置，並在學期間的指定時間裡進行。許多幼教工作者認為美國的兒童太早吸收學業技巧的訓練，卻犧牲了他們整體的發展（如Day, 1988; Egertson, 1987; Elkind, 1981; Zigler, 1987）。這部分是由於幼稚園在美國系統中的職責。有些研究者視這個階段是屬於幼兒教育；其他研究者將此階段視為小學一年級的支援階段。

此外，美國教育的教學法反映了個人成就、競爭與自力更生的文化價值。相較之下，日本幼稚園的教育哲學包括了透過遊戲的全方位引導與教學（Tabu & Aoki, 1990）。

相似於美國幼稚園的部分是日本的保育園與幼稚園，都是日本文化意識型態的反映。兒童學習去內化在這些環境裡可以接受的行為文化規範。舉例來說，「好孩子」（good child，日文語發音為Iiko，漢字為「いい子」）被描述為otonashii（和善的，漢字為「大人しい」）與sunao（合作的、應允的與順從的，漢字為「素直」）（Tabu & Aoki, 1990, p. 56）。在許多日本教室裡所進行的觀察研究都支持這樣的說法。具有素直人格特質的人，受到父母與日本社會高度的滿意。父母知道這樣的素質會協助孩子成為能夠勝任的（competent）成人，並且樂於合作的特性，是在日本這個集體主義、團體導向的社會裡受到高度重視的特質（又見Taylor et al., 1994; White & LeVine, 1986）。接受訪談的家長與老師視素直為一個重要的人格特質，允許兒童在團體脈絡之內維持和諧的人際關係。這種能力是日本文化價值的基石，並且反映在兒童學校的活動裡。

日本集體主義的意識型態（如Triandis, 1989; Triandis, Brislin, & Hui, 1988）非常強烈地反映在學前教育的機構裡。在幼稚園裡，兒童花了一天中大部分的時間參與團體遊戲或團體方案，所強調的是發現與維持個體表達與團體運作之間的平衡，也就是在giri（義理）與ninjo（人情）之間（Tobin et al., 1989, p. 71）。在訪視傳統的日本幼稚園之後，Taylor等人（1994）報告有相當多的時間是奉獻給團體工作。有時兒童行動是如此和諧一致，很難意識到個別兒童的存在，顯然兒童運作為單一的單位。

在他們幼稚園的跨文化研究裡，Tobin等人（1989）提到，這些機構的功能之一，就是傳遞核心的文化與社會價值給在這機構上學的孩子。因此，日本的保育園與幼稚園企圖社會化兒童成為順從、溫和與團體導向的特質，並且做出他們最大的努力。透過教室安排的技術來完成這些目標，強調兒童與兒童的互動，而非教師與兒童的互動。在與同儕的互動中，兒童學到了自我規訓，以及如何在團體導向的社會中，維持他們的個體狀態。

中國

在中國的幼稚園裡，孩子很早就學到他們是共產主義文化中的一員（Triandis, 1989; Triandis et al., 1988）。班級活動首要強調的是團體而非個體活動，而且兒童很普遍地在學校的多數時間裡，參與團體導向的活動（Laing & Pang, 1992）。然而，共產主義意識型態的特定面向會因文化與文化之間而有所差異。

舉例來說，在日本與中國集體主義之間有著重大差異。中國的共產主義強調秩序，而且這個秩序是需要被維持的。相對於日本的集體主義，其中的秩序通常並不存在。相反地，日本的集體主義所呈現的彷彿是混亂的盛行。這個觀點可以從課堂的操作中反映出來。在中國，兒童安靜地坐在書桌旁，並且在上課期間，喧鬧聲通常都很小聲；甚至午餐時間也很安靜，每件事都很有秩序，在兒童之間很少發生社會化。相較之下，在日本教室裡的喧鬧聲傾向是大聲的，可發現很常見的是兒童離開座位、探索著他們的環境（Tobin et al., 1989）。

這種對秩序的強調也在教室活動裡顯露出來。Tobin等人（1989）描述兒童從設計的藍圖中建立區塊結構的活動，該任務的重要性在於教導兒童如何延續維持中的秩序。縱然孩子個別地對他們自己所建造的負責任，但任務是在團體的脈絡中進行。中國社會裡強調團體的重要性，已經延伸至日常的課堂儀式裡，像是上廁所就是最好的例子。這樣的理念被展現為集體要一起上廁所，因而兒童可以學會調節自己和他者的身體節律。

與日本一樣，二者對幼稚園功能的想法一致的部分在於，中國學校強調兒童的道德教育（Dahawy, 1993）。中國兒童被社會化進而內化他們的文化價值——包括對家國的熱愛、團體的取向，以及平等主義，像是對待彼此要平等與尊重（Laing & Pang, 1992; Tobin et al., 1989）。

此外，中國的幼教老師在教導幼童時，採取許多不同的方法，包括遊戲、工作與世俗的活動。一般相信遊戲可以協助兒童獲取數字的概念，並且促進語言的發展。工作被視為中介物，當兒童可以從工作中理解到團體的重要性時，他們就會變得獨立（Laing & Pang, 1992）。最後，大多數中國幼稚園採用「執勤體系」（on-duty system），這教導孩子個人責任與義務的重要性——這樣的文化價值被認為是好孩子的素質（Laing & Pang, 1992, p. 174）。

學校的人事

研究者與學校人事的互動

過去幾年間我與校長的互動，從沒有接觸演變到經常性的接觸。與校長碰面是進入田野的第一步。在所有的研究個案中，我要求校長直接叫我的名字，雖然我持續以某某校長的方式來稱呼他們。我採取這個策略有著很多不一樣的理由。首先，校長與老師都以名字直接稱呼學生，而要求學生在稱呼老師與校長時要注意到職稱與姓氏。我想要被當作學生來對待，我相信這會幫助同學回應並接受我為他們的同儕。

當我與兒童或是學校教職員在一起時，所有的校長都會依照我的請求。然而，當校長介紹我給陌生的學校教職員時，他們總會介紹我的職稱與姓氏。只有那麼一次的例外，有一位男性校長稱呼我是某某小姐，或者他根本就沒有以職稱與姓氏這樣的稱謂來叫我。多數時間，他提到我是個實習老師，雖然他讀過我寫的說明信，裡面就有包含我的學術資歷與服務機構的聯絡方式。這是我唯一一次經驗到Johnson（1985）所指涉的**男性霸權**（male hegemony）。

我想要對班級的老師說明我的田野關係。就像Williams（1993）的主張，教書是一份女性所主宰的職業，而且我所合作的全部老師都是女性。每一位老師在各方面都非常親切而殷勤，也都讓我在她的教室裡感到自在。在某些方式上，我的性別、職業的選擇、年齡，以及分享的經驗，影響了我們如何建構我們的田野關係。

由於我是位女性的教授與研究者，我相信我有能力與這群教師打成一片，並且在某些方式上參與她們的教學經驗。我既沒有體驗到也沒有覺察到，我與田野報導人關係裡會有的權力不均問題。所有老師都是有自信且受過教育的女性，她們從未間接地提到我們地位上的差異，因為我任教於大學的機構裡。她們非常支持我的研究，我們偶爾也會討論到我們的教育哲理與班級經驗。同樣地，男性田野工作者比較容易與男性行政人員及男性教師建立關係，因為他們共享男性的身分地位與相似的經驗。

要形成跨越性別的田野關係，這是大不同於與同性別所建立的田野關係，前者的範圍內隱藏著一組特有的規範性規則。建立跨越同性別的田野關係，在某些場合裡或許並不容易，因為它們通常必須包括性別的延伸意義（sexual connotations）。由於多樣性的因素，包括來自社群成員的壓力，這種跨越性別的關係很難維持（如Back, 1993）。在我的田野經驗裡，與老師建立跨越性別的田野關係只是個假設的論點，因為我從未與男性的幼稚園老師接觸過。

學校的人事與性別

有一點很明顯的是教育體系內依性別而勞動分工。就歷史上而言，男性在建築物與學校行政、課程發展與教育研究上，占有權力的位置。相較之下，女性傾向任職於教室，她們在那裡執行著由男性所設計的課程與操作（Allan, 1993; Kauppinen-Toropainen & Lammi, 1993; Goodman, 1992; Williams, 1995）。

從1860年開始，美國社會的女性教師在數量上超越了男性（Allan, 1993; Clifford, 1989）。縱觀美國歷史，教師被認為是中產階級婦女的職業，而且到了1930年，教師的職業與婦女的工作成為同義詞（Rury, 1989）。

對教師的看法只有些許的改變。1962年時，Margaret Mead有一場關於美國文化底下的學校為題的專題演講。在那時，普遍認為三十多歲、中產階級的女性學校教師應該要教低年級。到了1980年代，教書變成一種自願的職業選擇。縱然公民權要求要增加弱勢教師，但是今日歐裔美籍的中產階級婦女擔任教學的工作仍是絕對多數（Allan, 1993; Rury, 1989）。

學校文化

雖然學校文化反映了社會的文化價值，在美國學校內仍存著不同於更大社會的分隔與差異的文化。Deal與Peterson（1990）定義學校文化為學校特色，這樣的特色反映在過去時間裡所形成的價值、信念、傳統與習俗。顯現在學校裡的文化價值與實行，包括了在社會與正式關係裡的互動規則。

許多研究者根據他們的學校田野工作而有了民族誌作品。舉例來說，相關的作品有Coleman（1961）針對青少年社群的研究、Corsaro（1985）研究護理學校裡的同儕文化、Holmes（1995）調查種族的信念、Johnson（1985）的小學研究著作、Schofield（1981, 1989）研究學校裡的種族關係、Spindler與Spindler（1990）對美國教育的討論、Rizzo（1989）針對兒童友誼的研究，以及Thorne（1993）的性別遊戲研究。

學生對學校文化的初步了解，有很大一部分是發現他們自己坐在傳統一排排的個人座位上、做完學習單，以及接收教師的團體教學（Goodlad, 1984; Goodman, 1992）。就像Tobin等人（1989）提到，學校作為文化價值的反映，並為了這樣的文化價值而社會化施為者。因此，美國兒童很早就知道他們寓居於一個個體主義的社會，他們的成就與失敗奠基於他們自己的努力、辛勤工作以及自我的規訓——這些價值在美國的學校裡受到強化。

關於學校文化很重要的事情之一就是，兒童很早就知道學校是成人世界的反映——這是一個更加宰制的世界，成人在那裡對他們施展權力（Goodman, 1992; Maccoby, 1992）。兒童也學到鑲嵌在關係裡的權力，且並非只限於成人與兒童之間的關係。兒童與兒童的關係也有這樣的要素。

在學校中，兒童與成人的關係通常透過他們的禮節而描繪出來（Deal & Peterson, 1990; Gee, 1989; Lesko, 1988）。兒童與成人在學校中所用的稱謂之下，這樣的禮節受到了支持。當老師與孩子互動時，老師稱呼孩子的名字（某些少見的狀況是，有些老師稱孩子為某某先生或小姐。這大概是提示孩子紀律的時間即將到來。）

當孩子稱呼老師的時候，總是在老師的姓氏之後加上頭銜或稱謂（像是博士、先生、女士或小姐）。從事兒童研究的田野工作者很快地提到隱含在兒童—成人關係中的權力。因此，田野工作者通常採取朋友的角色，並且要求孩子直呼他們的名字就好，以減弱他們的成人權威（見Corsaro, 1985; Fine, 1987; Holmes, 1995）。就像Goodman（1992）提到，學校裡傳統的權力架構區隔擴大了兒童與成人之間的距離。就其絕大部分而言，成人—兒童關係所內定的本質，傾向闡明成人在學校裡是不可親近的意向（又見Bryan, 1975）。

我回想起一件事，有一位二年級的孩子在樓梯間給我優先通過的權利。我懷疑他的行為是受到他的認知所引導，並且把我歸類為成年人的範疇，部分也是因為我是個陌生的大人。我對他比出「你先走」的手勢，而他回了一句謝謝，但一臉狐疑。他的回應傳遞了顯著的訊息——成人在學校裡擁有權力，兒童應順從成人的權威。

最後，縱然從年幼到童年中期，學生—老師的關係變得越來越正式，（在我的經驗裡）低年級的老師確實對學生提供養護與照顧的行為（又見Granucci, 1990; Johnson, 1985）。因此，在特定的脈絡與環境裡，師生關係的正式本質得以鬆緩（例如當孩子受傷時）。

晚近教師漸漸不願對年幼的學生表現肢體情感的因素之一，乃是兒童性騷擾控訴的現實威脅。這特別對男性教師更是如此。在我所訪視的學校中，根本的關切就是要保護兒童。幾十年前，兒童從學校走路回家無人護送，父母也有信心在學校期間，不會有任何不幸的事情發生。而現在的學校在上課期間大門深鎖，以防止侵入者接近兒童，且要求訪客佩戴通行證，以向學校教職員表明自己的身分。老師必須留意到自己的行為是在對孩子展現肢體熱情，或是被認為是兒童性騷擾這種潛在威脅二者之間的差別。家長也了解到有需要保護自己的孩子，他們現在與孩子在巴士站碰頭，而不允許孩子在沒有大人的護送下獨自走回家。這樣的改變反映了目前美國社會如何看待兒童的氛圍，以及文化的適應本質。

然而，設計用來保護孩子的體系卻呈現幫倒忙的效果。每一次當幼童需要撫育與愛的時候，學校的文化命令老師要小心翼翼地表現這些行為。在溫暖與關懷的環境裡，兒童能更有效地學習，然學校基於保護兒童的努力，卻剝奪了兒童這些有益的、具有憐憫的成人—兒童的關係。這並不是一個跨文化的現象，在其他文化中，幼童在學校裡並沒有被剝奪成人的撫育。令人感到欣慰的是，多數我所進行研究的班級教師，他們溫柔親切，並且真誠親近地關心學生完整的福祉。

除了成人—兒童互動的禮節之外，物質的安排與教室的程序傳達給兒童在教室文化中的位置。Norris Johnson（1985）發現教師能夠透過非口語的溝通，傳達教室裡的權力結構。我也觀察到在孩子與老師的互動中，兒童被迫看著老師，不是從坐在地板上看，就是從課桌椅的位置上看。這樣的距離似乎只加劇成人對於兒童的權力，而且這些清楚被定義的界線，強化了學校這個緘默的組織。

教師試著在調整的視線高度下與孩子互動，且多數老師布置自己的教室，使教師的桌子不成為教室裡的焦點。事實上，大多數的老師把他們的桌子拿來當書架用，而不是教學的地方。

對我而言，進入學校文化後最難的調整就是放棄我身為成人，可自行下決定的自由。在教室裡，我遵守由老師所安排的課堂例行活動。在我進行的兒童田野工作裡，我主要採取參與者觀察的方法。這個方法允許研究者從局內人的觀點來檢視文化，而且我相信當試圖去了解兒童文化時，這更是特別重要（Dougherty, 1985; Fine, 1987; Kelly-Byrne, 1989; Tyler, 1969）。

在課堂中，我盡可能被當成一名學生對待，並參與全部兒童日常的活動（Holmes, 1995）。然而，有時我也不太想寫其他的學習單，或者完成指定的藝術作品。有時我想要把圈圈塗上紅色，而不是由老師所建議的顏色。兒童通常會分享這些渴望。我回想起我們一起進行貓頭鷹木偶的藝術計畫，老師（在團體的教學中）要求我們做棕色的貓頭鷹身體。James（他坐在我右手邊）彎著腰並說：「我知道貓頭鷹應該是棕色的，但是我想要綠色的。我們為什麼不能用綠色的呢？」在這些例子中，變得很清楚的是任務（計畫的本質）與時間的框架（何時開始與結束），完全是由老師所控制。兒童相對地很少投入在自己的教育經驗裡，並且任由教師所排定的例行活動與互動的風格所掌控（Wood, 1988）。有一些老師認知到這件事，並給予兒童做決定的權力，像是使用的顏色、下一個進行的活動，或者坐在教室的哪個地方。

同儕文化

縱使兒童參與由成人正式控制的文化，但在成人控制的領域之外，仍存在著另一種學校文化，這包含了兒童與其他兒童的互動。不管兒童在哪裡聚集，他們所分享的文化是外在於成人的世界（Corsaro & Eder, 1990; Konner, 1991）。兒童與兒童的互動發生在學校裡。雖然學校是個由成人所維繫的機構，但是兒童設法保持與傳遞文化的知識給同學，他們通常不太知曉這是成人應該去控制他們的地方（Opie & Opie, 1984）。

舉例來說，在美國的學校裡，每個年級都有該上的指定課程，像是這樣的安排並沒有顯現為跨文化的意義。許多社會存在著傳統教育的實行，許多不同年齡團體的兒童獲得指示作為一個混齡的團體（如Ahmed, 1983）。美國的教育體系限制年齡相仿兒童的同儕互動。在休息時間裡，如果可以的話，允許不同年級的小孩一起在戶外玩。在某些學校裡，每個年級有很清楚定義的疆界，這是由遊戲場的督導所進行的監視。

在一天中的這些時間裡，在成人最小的干預與管理下，兒童可以自由與其他同儕來往。③因此，這是同儕文化所茁壯的領域。在遊戲場休息的期間，兒童可以自由地與其他同儕互動。這裡是兒童的領域，並且這是個兒童文化與文化知識傳遞繁茂的區域。在學校一天中的這個時段，兒童參與在自己所掌握的文化裡，並且發揮兒童世界中的權力。

舉例來說，像是口語的藝術形式，好比童年時期流行的押韻詩、故事與笑話。有一些素材傳了好幾代，只是在內容上有些許的改變，以下的例子是兒童在學校裡仍在吟誦的史詩：

（Girl's name）and（boy's name）sittin' in a tree.
（女孩的名字）與（男孩的名字）坐在樹上。

③ 兒童權利的廢除，特別是他們在學校裡的休息時段，已經成為兒童與遊戲研究者目前所關切的（例如Pellergrini, 1989; Sutton-Smith, 1990）。在我所訪視的學校中，除了兩間學校之外，所有小朋友都享受戶外的休息時段。

K-I-S-S-I-N-G.
（K-I-S-S-I-N-G，每個字母個別發音。）
First comes love,
（首先他們相愛，）
then comes marriage,
（然後他們結婚，）
then comes the baby in the baby carriage.
（最後嬰兒坐在嬰兒車裡。）

兩年前的聖誕節假期期間，我所訪視的幼稚園教我以下改編自經典聖誕節歌曲「聖誕鈴聲」（Jingle Bells）的新歌詞。這是在我們戶外休息時進行的。

Jingle bells, Batman smells, Robin laid an egg.
（叮叮噹，蝙蝠俠覺察到羅賓失敗了，）
Batmobile lost its wheel, and Joker took ballet. Hey.
（蝙蝠車掉了輪子，還有小丑跳芭蕾。嘿！）

當我是個孩子的時候，我自己的同儕文化也改編這首經典聖誕歌曲的歌詞，以及涉入這樣素材的文化傳遞。我與孩子分享我的詩句，並且這樣的交流是我田野工作裡最享受的片刻之一。

其他改編歌詞的曲子，指出了兒童的學校經驗，以及不同於以往教師與學生之間的權力。舉例來說，下面的歌謠是一首非常熱門的曲子，通常是孩子在往學校的校車上所傳唱的歌曲。我侄兒與侄女的住處相距有十英里之遠，但是他們兩個都非常熟悉下面的這首歌曲：

Row, row, row your boat, gently down the stream.

（划啊划啊划著你的船，輕輕順著溪流而下。）

Throw your teacher overboard and listen to her scream.

（把你的老師丟向船外，並聽她的驚聲尖叫。）

似乎可以很合理地認為，兒童傳遞文化知識給同儕的過程，經過了一段時間仍然是相對的穩定。從老一輩到年輕一輩透過口語傳統的傳遞，兒童學習到他們自己的社會世界，以及他們在成人世界中的位置。

據我所知，多數的家長並沒有意圖教「聖誕鈴聲」或「划小船」這些童謠給他們的孩子。相反地，兒童學會這些曲目是來自於同儕與手足之間，並與其他成員分享這些訊息（又見Guerra, 1989; Konner, 1991）。透過口語藝術形式的口頭傳遞機制，兒童可以支撐其同儕文化，以及維持在機構中對其自身行為的控制，而絕大多數的行為是受到成人所規範的（又見Goodwin, 1997）。

要牢記於心的是，成人世界與兒童文化無法恰巧地採用二分法。根據Opie與Opie（1984）的說法，兒童整合來自於成人的素材至他們自己的文化裡。舉例來說，媒體是許多對兒童進行社會化的中介角色之一，並且扮演著兒童借用素材的來源。因此，兒童文化裡改編來自押韻詩與詩句的東西，其實是他們的評論，企圖以此了解成人的世界。

第四章
田野工作與性別

在我開始展開調查兒童種族信念的田野研究計畫之前，考慮到我的種族背景如何影響我的研究過程。我同意Margery Wolf（1996）的看法，透過我與兒童的經驗，我相信在理解兒童獲得社會認知的知識上，我的膚色或種族將不會排除我或影響我這方面的能力。我並不低估這個事實，我的種族背景在某些方面會影響這個過程的特定面向，像是我與孩子的互動、與學校教職員的互動，以及與學校所在的社區成人的互動。為了達到這個目的，我會稍微提到在我與參與研究計畫的兒童之間種族上相稱的議題。

說也奇怪，我從來都沒有考慮到我的性別會影響到田野工作的過程。儘管事實上對幼童來說，性別（比起種族來說）是一個更為突出的分類上概念，並且兒童經常使用性別，企圖命令他們的社會世界。我維持著性別中立的角色（Bell, 1993）。我視研究者的性別為中立的因素，並不會影響到我從事兒童研究的田野過程。我假定男性與女性的研究者著手做研究，在相同的方式上體驗到田野的過程，且研究者的性別並不會影響過程。如同我之前讀過成人社群中田野與性別議題的文獻，我開始注意到當進行以學校為地點的兒童田野工作時，我自己性別的優勢與劣勢。因此，我轉移了我在性別與民族誌二者關係的位置。

根據Warren（1988）的說法，如果沒有考慮到研究者的性別是如何影響了田野過程的話，田野工作與隨後書寫的文本就無法被理解（又見Bell et al., 1993; Geiger, 1990; Herod, 1993）。其他研究者主張研究者個人本身的經驗與生活經驗影響了田野工作，這是因為研究者對田野報導人經驗的蒐集與詮釋，無法發生在真空的狀態（如Agar, 1986/1995; England, 1994; Hastrup, 1992）。這樣的說法與Bem（1993）的作品相似，她看待性別為一中介，田野的經驗與行為的解釋被篩選出來。認知科學已經主張在解釋人類行為時，脈絡化為基礎之知識的重要性（Dougherty, 1985; Gardner, 1987, 1993）。民族誌的實務與理論得益於理解脈絡化知識的角色，以及學習在田野中的經驗（如Bell, 1993）。就像Back（1993）所建議，性別並不是一個簡單的因素，它會影響到方法論上的議題。更甚者，性別影響了田野工作者去了解他／她所研究團體的方式。

在同意Bem（1993）、England（1994），以及Hastrup（1992）等人的論點下，我相信我在童年的社會化經驗與成人的生活經驗，已經外顯或是內隱地引導我進行兒童的田野研究。延續著目前的想法（Bronfenbrenner, 1986, 1989; Gardner, 1993; Turner & Bruner, 1986），除了田野工作者帶著他／她個人的因素進入田野之外，我相信如果沒有注意到被研究者的脈絡、生態與社會文化的因素時，要解釋其行為將會非常的困難。作為一個理論的架構，我採用Bronfenbrenner（1979a, 1979b, 1986, 1989）兒童發展的生態取向，來解釋當進行兒童的研究時，田野工作者的特性影響了研究的過程。在本章裡，我討論田野工作者的性別，如何影響了方法論上的議題（例如建立田野關係）、資料蒐集的策略，以及對兒童經驗的解釋。我從我自己的兒童田野中，提出若干的例子。

性別差異

在人類男性與女性之間一個已被證實的結構上差異，就是人類的生理形式展現著性別二態（sexual dimorphism）。接下來的青春期，男性很典型地比女性的身材更大也更加雄壯。相形之下，女性的身體比較小，且比起男性有著更高比例的體脂肪（Jacklin, 1992; Maccoby & Jacklin, 1974）。這樣生理結構上的差異，已經影響了兒童對男性與女性田野工作者的覺察與其行為舉止的方式。

舉例來說，我五呎四吋高（約為160公分）。我發現我並不魁梧的身材，讓我有與眾不同的優勢來從事幼童的研究。我可以很自在地坐到兒童的椅子上，並且能夠在不顯得笨拙之下，玩戶外遊戲場的設施。兒童無疑是受到成人世界的脅迫，抬頭仰望著成人，正是另外一種徵兆：兒童並無法自在地適應成人的世界，並且當兒童這樣做的時候，他們是無能為力的（Corsaro, 1985; Fine & Sandstrom, 1988; Johnson, 1985; Oakley, 1994）。

從事兒童研究時，女性研究者比起男性研究者有著天生身材上的優勢，因為她們的個頭比較小，或許比較不會有威脅性（如Codere, 1986; Golde, 1986; Morgen, 1989）。①當從事兒童研究時，兒童覺察到成人—兒童的關係是與生俱來隱含著權威時，那麼克服

① 當然在特定的田野處境裡，身材高大與否有可能是優勢或劣勢。舉例來說，Turnbull（1968）評論到他的身高影響了他在森林裡移動的能力。

成人的權威就變得非常重要。我問Brian：「小孩與大人之間到底有什麼不同？」他回答：「大人告訴小孩該做些什麼，而小孩必須聽從。」比起身材嬌小的女性研究者而言，男性研究者通常有著高大的身材，因此要避免這個問題或許會更加困難（或者必須想出更巧妙的方式）。男性田野工作者這個潛在的不利會更加惡化，因為女性被視為較易於接觸，以及較少威脅感，並且相較於男性有著比較好的溝通能力（如Fischer, 1986; Golde, 1986; Mead, 1986; Warren, 1988; Whitehead & Conaway, 1986）。

幼童覺察他們的世界，並且基於顯著的特性而將他們的世界分類（如Holmes, 1995; Mervis, 1987），而且身材體型也許是個幼童可以敏感覺察到的明顯特徵。舉例來說，縱然William Corsaro（1985）與他所研究的托兒所兒童，建立了和諧一致的美好關係，兒童暱稱他為「大比爾」（Big Bill）。這些兒童明顯地對成人與兒童之間身材體型的顯著差異有所反應。然而我猜想，William Corsaro的身材體型在進行兒童田野工作時，有時候成為一種優勢。

女性研究者通常回應與敏感於兒童與成人之間身材體型的差異。Barrie Thorne（1993）評論到，在研究期間，她覺得自己像是個大一號的愛麗絲，如何試著塞入縮小版的家具裡。從事兒童的田野工作時，這似乎是可能的，研究者的性別或許會直接影響到這個過程，因為這連結到透過田野工作者身材的呈現，兒童如何解釋對成人權威的感知。

在人類從屬關係的發現裡，第二個真實的性別差異稱之為「打鬥」（rough and tumble）的遊戲形式。根據其定義，打鬥遊戲藉由描繪出玩打架的特徵而來，包括帶有打架意圖的碰撞、摔角與追捕（Goldstein, 1996; Hughes, 1995; Pellegrini, 1988）。當代行為學的作品定義打鬥遊戲為「一組組織的行為，包括了正向情感、精力充沛的移動，以及相互角色扮演的展示」（Pellegrini, 1996, p. 108）。最一貫被提到的觀察之一，就是男孩與女孩的遊戲，而打鬥遊戲是男孩的領域（Pellegrini, 1985, 1988, 1996; Rubin, Fein, & Vandenberg, 1983）。跨文化的證據支持了這個性別的差異（DePietro, 1981; Goldstein, 1996; Heaton, 1983; Whiting & Edwards, 1973）。

這個主張下的許多支線已經進一步地解釋了在打鬥遊戲中的性別差異，直言之，即文化的影響與生物上的素質。我偏好前者的說法，因為文化影響的說法支持了在本書中所提倡的理論架構。然而我並沒有排除這個可能性，也就是文化與生物因素的互動將會影響到行為。

針對新生兒的研究似乎是支持這個論點，文化的因素（例如成人對性別合適行為的加強）是打鬥遊戲中性別差異的原由。Fagot、Hagan、Leinbach與Kronsberg（1985）觀察成人對嬰兒的粗暴與好鬥行為的回應，乃是基於嬰兒的性別。女嬰的好鬥行為是被忽略的，反之，男嬰的好鬥行為誘導了成人的反應。進一步支持文化解釋的證據來自於家長—嬰兒遊戲互動的研究（MacDonald, 1993）。

比起母親而言，父親更有可能涉入與兒子或女兒的打鬥遊戲中（Parke & Tinsley, 1987）。此外，比起女兒來說，父親更有可能與他的兒子開始玩打鬥的遊戲（Lamb, 1981）。非常有可能的是，兒童從他們所處環境的大人身上，直接與間接地獲得強化什麼是性別合適的事情。在這樣的看法裡，文化特定的性別角色與什麼是性別合適事務的社會態度，提供了在打鬥遊戲事件裡所觀察到性別差異的解釋（Anderson, 1981; Maccoby, 1992; MacDonald, 1993）。因此，可以非常合理地認為，父母回應著由他們的男孩與女孩所引出的行為線索，並且依照這些線索，相互提供不同的遊戲類型。

作為兒童遊戲的形式之一，打鬥遊戲包括正向情感的行為以及相互扮演的角色，這可以在許多追逐的競賽與假裝的遊戲中發現。然而，打鬥的遊戲通常具有其他遊戲所沒有的構成要素：精力旺盛的身體活動（例如碰撞、奔跑、追逐；Pellegrini, 1996）。男孩發現這種遊戲特別愉悅；相反地，女孩則不會有這樣的感受。因為男孩被這個活動所吸引，因而會選擇其他可以參與打鬥遊戲的男孩（Pellegrini, 1996）。根據Maccoby（1986）的說法，在不同種類活動中的興趣與偏好導致性別的區隔。

假若男性與女性相比，前者被社會化得更具有冒險精神，而且打鬥遊戲是男孩的領域，那很有可能是女性研究者對打鬥遊戲很少有機會參與或少有社會經驗。在我的研究裡，我從未與兒童玩打鬥遊戲。假若這個遊戲的類型經常由男童所執行，對女性研究者或許是比較不利的。在這個例子中，研究者被排除參與在遊戲裡是由於幾個不同的理由，包括：(1)缺乏玩遊戲的能力；(2)不喜歡這個遊戲活動類型，以及不渴望參與遊戲；(3)學校的教職員不允許打鬥遊戲；以及(4)社會價值限制了女孩參與打鬥遊戲。

女性研究者也許是很少參與在這樣的活動裡，並且假若可以蒐集資料的話，資料的蒐集主要是透過其他質性的手段。像是透過由Bronfenbrenner（1979a, 1979b, 1986, 1989）所提出的理論架構來解釋資料。男性與女性田野工作者在兒童時代的不同社會化與遊戲經驗，潛在地影響到作為一個成人的田野工作者，在兒童團體中所觀察到的現象以及該如何去蒐集資料。

舉例來說，很少接觸打鬥遊戲的女性田野工作者，當她在觀察兒童遊樂行為時，會選擇排除這個活動。相較之下，因為打鬥玩樂是男孩的領域，男性田野工作者變得比較占優勢，因為他們有著先前的經驗，並且假定在孩童時代被這類遊戲所吸引。因此，男性研究者傾向把焦點放在兒童文化與遊戲行為的特定面向上。在這種假定例子中的性別影響（例如男性與女性的田野工作者，在相同的兒童文化中，關切著不同的文化現象），相仿於男性與女性的田野工作者從事成人社群研究時的差異經驗（Fischer, 1986; Murphy & Murphy, 1985）。

此外，年紀與性別是一個人解釋粗暴的行動或攻擊性遊戲時的重要因素。根據Goldstein（1996）的說法：「攻擊性遊戲包括模擬打架、打鬥的遊戲，及／或幻想的侵略。」（p.127）舉例來說，兒童與成人持有不同的覺知，並且據此來解釋攻擊性的遊戲。兒童可以在粗暴遊戲與真實的攻擊之間，做出明顯的差異。成人區辨真實的攻擊與兒童攻擊的遊戲則困難得多，這是因為成人把他們的概念加諸在兒童的行為上（Fry, 1990; Pellegrini, 1988, 1996; Sutton-Smith, 1990; Wegener-Spohring, 1989）。兒童覺察到他們正後設溝通著「這只是個遊戲」的訊息，並且不參與真正攻擊的行動（Bateson, 1956）。

後續的研究也指出存在於男性與女性解釋攻擊行為，以及遊戲的粗暴形式之間的分歧。Connor（1989）提到，女性在習性上比較有可能解釋暴力或攻擊的遊戲為真實的攻擊；相較之下，男性比較有可能考慮暴力的行動為遊戲。女性在孩童時代沒有參與攻擊遊戲的先前經驗之下，她們對暴力遊戲片斷的解釋，與男性的解釋截然不同。因此，這呈現出來的是男性與女性差異的社會化與遊戲經驗（以及如同他們關聯至性別的事務上），會影響到一個人如何解釋暴力或攻擊的遊戲行為。但研究兒童遊戲的男性與女性田野工作者，他們如果沒有先前特定遊戲活動的經驗，可能會傾向錯誤地解釋兒童的攻擊遊戲行為乃是真實的攻擊。

舉例來說，Barrie Thorne（1993）揭露了在以學校為地點的研究裡，她感受到在研究期間，她跟女同學比跟男同學還親近。她自己童年的回憶讓她體驗到在性別分化互動（gender-typed interactions）下的一些熟悉感，以及女生所參與的遊戲風格。因為她在孩童時代很少有和男生玩的經驗，因而對於男生的遊戲比較不那麼熟悉。然而Thorne也提到，她沒有較好的能力來分析男孩的遊戲，乃是因為她與這些活動生疏的緣故。

資料蒐集：進行訪談

報導人對種族與社會階級的主位建構會削弱田野工作者的能力，來與他／她的社群建立和諧一致的關係（如Beoku-Betts, 1994）。當企圖與回應者建立和諧一致的關係時，田野工作者的性別也可能產生某些障礙。有一些值得閱讀的文獻討論到研究者的性別對訪談過程的影響（如Axinn, 1991; Finch, 1984; Herod, 1993; Oakley, 1981; Williams & Heikes, 1993）。

舉例來說，作為一位男性的田野工作者，Back（1993）討論了在訪談年輕男女的報導人時所遭逢的困難。縱然訪談婦女團體沒有任何問題，但是要訪談個別的婦女時卻產生了問題。年輕男性社群的成員解釋，訪談這件事有著性別的相關意義。他訪談男性回應者時，也受到性別的影響。在他訪談的期間產生了同儕團體地位與階層位置的議題。在這兩個例子裡，他的性別影響了田野工作與訪談的過程。

在進行訪談時，與男性研究者相較之下，女性研究者與研究參與者建立更好的和諧一致關係，這是因為女性被認為比較沒有威脅性，且擁有較好的溝通技巧。此外，進行訪談時，婦女比起男性在情緒的溝通上，比較傾向容易被接納（如Codere, 1986; Fedigan & Fedigan, 1989; Golde, 1986; Warren, 1988; Whitehead & Conaway, 1986）。

當進行田野的兒童訪談時，這些優勢與技巧發揮了作用。在本書的第二章「方法：從事兒童研究」中，我提到結構化的個人訪談對兒童比較有壓力，且兒童覺察這是有威脅性的，或者容易激起焦慮感（Holmes, 1995）。在多數的田野工作裡採用對兒童的訪談選擇是——非結構式與非正式的訪談（Bernard, 1994）。

開放式的訪談探索了兒童對其世界的觀點，以及允許研究者設計假設與產生理論（Reinharz, 1992）。這個方法提供研究者接近兒童的想法，而兒童的想法是以主位的立場來表達（Reinharz, 1992）。最後，開放式的訪談會讓兒童報導人更加親近與熟悉於資料蒐集的任務，因而能促成研究者與報導人彼此更感自在（Sexton, 1982）。

對於在學校中從事兒童研究的田野工作者來說，非結構式與非正式的訪談可以發生在許多不同的地點，包括走廊與餐廳，以及在休息的期間（Corsaro, 1985; Holmes, 1995; Reifel, 1986; Schofield, 1989; Thorne, 1993）。在我自己的研究裡，我利用兒童遊戲的時間，大量使用非正式的訪談。在這些期間，兒童參與假裝的遊戲劇情，或者是在追逐的遊戲中，這使我相當容易進入與兒童的交談中，並引導出我所探詢的答案。然而，我參與假裝遊戲活動裡的能力是一個很清楚的優勢，這促成了我在遊戲的期間訪談兒童。女性從嬰兒與她們的童年中所經驗到社會化過程的一個結果，就是與男孩相比的話，她們比較精通於社會與溝通的技巧（如Codere, 1986; Eisenberg, 1983; Fedigan & Fedigan, 1989; Golde, 1986; Warren, 1988）。

舉例來說，性別合適的玩具與兒童所偏好的玩具，指出了女孩傾向玩的玩具是以扮家家酒之類的遊戲為中心。這些玩具促進溝通與社會技巧的發展，並且強調社會關係的重要性。相較之下，男孩玩的玩具比較傾向是以建築、房屋與運動類的遊戲為中心。這些玩具促進了數學與空間技巧的發展（Eisenberg, 1983; Schwartz & Markham, 1985; Tracy, 1987）。我可以與兒童建立對話的能力，以及我很容易悠遊在兒童（男孩與女孩）的許多遊戲之中，這使我可以蒐集到關於兒童文化的豐富訪談資料。

研究者的性別在其他方式上會影響到訪談的過程。舉例來說，在多數我所訪視的學校中，行政職務都是由男性所擔任（如Allan, 1993; Clifford, 1989; Goodman, 1992），在中小學結構裡最重要的行政人員就是校長。對於幼童而言，校長的辦公室通常意謂著權威與懲罰。然而，對於校長的看法乃是基於互動的脈絡。例如在早上送出席表到校長室，乃是重要的班級例行事務；因為行為舉止不良而被送到校長室，則產生了不同的回應（Kohlberg, 1968, 1981）。② 進行兒童研究的男性學者在訪談期間要與孩子建立和諧一致的關係更加困難，這是因為兒童有著先前關於男性權威形象的經驗，這

② 校長作為執行紀律者這樣的觀點，縱然很有可能與其他不同的因素相互作用，但顯現了作為年紀與認知成熟的功能。許多小學校長想出創造性的方式，以改變兒童認為校長就是執行紀律者的觀點。

種權威形象即是校長。因此，兒童議題的研究者越是使用大量的訪談，他們就變得越敏感於兒童在互動的性別脈絡裡所做的協商（Warren, 1988; Williams & Heikes, 1993）。

性別認同

童年與青少年最重要的任務之一就是成功地完成認同的過程（Erikson, 1963, 1968）。認同過程的其中一個特定面向為性別認同的取得。我們的性別認同影響了我們如何思考、感受、表現行為舉止，性別認同是透過他人所意識到，並且也由自己理解到。因為這本書提出在田野的過程裡，研究者的性別與種族的影響（並且提供社會化的經驗作為對此的部分解釋），我將提供關於一個人如何獲取性別認同，其理論觀點的簡要整理。

許多理論的觀點解釋了性別認同的獲得。兩個當代的立場，其一是社會學習理論（Bandura, 1977; Kagan, 1971），另一為認知理論（Kohlberg, 1966; Bem, 1981, 1983, 1985）。在性別認同的獲取上，社會學習理論強調透過模仿榜樣行為的重要性；相較之下，認知理論強調在獲取性別認同中，心理過程的重要性。

社會學習理論聲稱性別認同化的發生，是透過對成人榜樣的觀察與模仿的過程。根據這個理論，兒童模仿同性別榜樣的行為，並且強化重複這些行為。這增加了兒童將再次展現這些行動的可能性。社會學習理論提供性別認同化如何發生這個問題的部分解釋。對這個觀點的批判則是強調：兒童通常會模仿不同性別的榜樣，並不只是模仿他們的父母而已，兒童從許多地方會得到很多對自己性別分化偏好（gender-typed preferences）的強化，而非只是來自於父母（Bandura, 1977; Kagan, 1971, 1984）。

有兩個不同於認知理論的觀點，用來解釋性別認同的取得：認知發展理論（Kohlberg, 1966）與性別基模理論（Bem, 1981, 1983, 1985）。在認知發展理論中，性別認同的發生是透過兒童主動地將自己的性別進行分類，並且圍繞這個概念組成他們的行為。根據Kohlberg（1966）的說法，這是發生在特定的順序裡。舉例來說，兒童分類自己到底是男孩還是女孩的能力，優先於他們圍繞這個概念而組織他們的行為。對這個理論的批判焦點在於，兒童通常以性別合適的方式行動，這是早在他們獲得自身的性別是永久穩定這樣的知識之前。

最後，由Bem（1981, 1983, 1985）所提出來的性別基模理論，用來解釋性別認同的取得。雖然認知發展與社會學習取向對於性別認同的取得，二者看起來都有些許缺點，但Bem結合彼此的要素來形塑性別認同發展這個新理論。她聲稱兒童在自己的性別角色上自我社會化，這是藉由組織他們環繞在性別基模上的行為。透過觀察，在他們自己的文化裡，什麼是對男孩與女孩合適的事物，兒童接著採取他們自己的行為來符合這些基模。這個理論似乎得到了兒童實際行為的支持。在社會化的過程裡，兒童想必在他們的文化裡觀摩榜樣，然後主動組織他們自己的行為，以符合他們的性別基模。可想而知，男孩與女孩的運作是根據不同的性別基模，這說明了男人與女人不同的社會化經驗。

性別區隔

在小學的後半階段中，在學校遊戲場裡呈現了性別的分裂（如Maccoby & Jacklin, 1987; Schofield, 1981; Thorne, 1993），但在幼童的身上並不清楚。Maccoby（1990）解釋，透過先天的興趣，導致在遊戲時的性別區隔；也就是說，某個性別的人不喜歡另一個性別的人所偏好的遊戲，並且男孩並不會回應女孩的願望。相反地，男孩似乎實現他們自己渴望的遊戲。然而就像Thorne（1993）指出，男孩與女孩在跨性別的團體裡，有時候他們也會玩在一起。但重要的是，到底在什麼樣的環境底下，會產生這些跨性別的聚集。

在托兒所與幼稚園中，觀察到的同性別與跨性別的遊戲團體幾乎是差不多的比例（這是基於脈絡的處境）。男孩傾向加入女孩的扮家家酒遊戲，而女孩則被發現與男孩一起玩追逐的遊戲（如Gesell & Ilg, 1946; Holmes, 1991; Maccoby & Jacklin, 1987; Sutton-Smith, 1979）。因此，在兒童期開始的頭幾年，非常有機會看到男女孩玩在一起，這是因為不論男孩／女孩，很可能更喜歡不同性別的孩子正在玩的遊戲。

不過，當我進入遊戲團體時，有時候乃是基於單一性別的考量。以學校作為研究地點的例子中，包括了依照性別所區分的課堂競賽，以及由兒童所建立的遊戲團體，都只允許去接近同一性別的孩子（Holmes, 1991; Thorne, 1993）。因此，一個人的性別變成了兒童想要去接近特定遊戲團體的議題，故研究者想要進入文化的特定面向，是很典型替某個性別所保留的地方（Bernard, 1994; Johnson, 1986; Warren, 1988; Werner & Schoepfle, 1987）。

接近兒童的文化與田野工作者的性別

獲得首肯可以接近校內兒童並非基於研究者的性別，因為這些地點沒有以任何方式限制男性或女性，倒是在學校中，與成人的田野關係是受到研究者性別的影響。舉例來說，Norris Johnson（1985）是一位進行小學田野工作的男性研究者，他在一開始的時候，經驗到來自女老師的一些摩擦。他將之歸因為他所稱的「男性霸權」（male hegemony）——當男性僱用女性時，並非看上她的專業身分，且企圖要貶抑女性在社會互動中的權威。

當代的研究者主張男性在幼教的階段，也經歷到相似負面的遭遇（Cohen, 1990; Draper & Gordon, 1984; Robinson, 1988; Skeen, Robinson, & Coleman, 1986）。就像Cohen（1990）所聲稱的：只有少數男性自願選擇要求涉入與幼童直接接觸的工作。絕大多數男性群體中的弱勢者選擇進入兒童托育工作與小學教學工作，這看起來像是一個跨文化現象（Kauppinen-Toropainen & Lammi, 1993）。這是個看似有理的說法，這些場域可能對男性工作者有所抗拒，因此男性並非自願選擇進入這些場域。

然而，有一些男性自願選擇兒童托育與幼兒教育這種非傳統的男性職業（Williams, 1995）。男性從事幼教工作的正面印象，已經在幼教相關文獻中獲得提升（Cunningham, 1992a, 1992b）。此外，男性的角色以及在田野中的他者如何認知到這個男性的角色，支配了他如何被對待。舉例來說，男性幼教老師在他的工作場域裡經驗到偏見，然而男性研究者訪視學校時，他不是被認為擁有令人嚮往的學術權威，就是被視為兒童的辯護者。因此，性別不只是一個單一的因素，引導著在這些場域裡男性被對待的方式。相反地，性別影響他們所執行的具體角色上。

在我拜訪的所有幼稚園教室裡，我從來沒有遇過男老師。根據Williams（1995）的說法，教學是一個女性所主宰的職業，並且連結至典型關聯於女性的屬性，像是撫育與情緒的依附。在我訪視學校裡的趨勢反映了普遍的教育實行。多數的老師是女性，並且有很高的比例是已婚的身分（Rury, 1989; Williams, 1993）。我從來都沒有經驗到來自於女老師的抗拒，就像Johnson（1985）所經驗到的，並且揭露了在一個女性所主宰的職業裡，身為一位女性研究者成為我的優勢。

不同於對田野地點的接觸，有時一旦要接近學校裡的兒童文化時，這就是性別依賴的（如McKeganey & Bloor, 1991）。我的意思並非暗指隱含著田野工作者的性別就足以確保田野工作者可以接近所有的文化，雖然文化的參與是受到性別所決定（Davis, 1986; Friedl, 1986; Gonzalez, 1986）。相反地，研究者的性別能排除或納入他／她在特定活動中的參與。

舉例來說，並非因為Niara Sudarkasa（1986）是女性，所以才祕密地研究非洲優魯巴人社群（Yoruba community）中的男性公共領域。相反地，Johnson（1985）遇到女性教師的初步抗拒，乃因為他與校長共同享有相同性別的身分。然而一個人不應該僅僅以性別身分進行推斷，以為這就足夠確保可以接近所有的性別活動（Davis, 1986; Friedl, 1986; Gonzalez, 1986）。性別變成兒童所使用的重要與顯著的規準，來允許或者拒絕田野工作者進入遊戲團體之中。

舉例來說，我回想起在一段遊戲的期間，我並未獲准加入一個同性別的女孩遊戲團體。在這自由遊戲的期間，我要求遊戲團體的

「頭頭」允許我加入室內遊戲團體，那是由五位女孩所建立清一色都是女孩的遊戲團體。我被拒絕接近，並且不許和她們一起玩。Wendy、Melissa與Linda宣稱：「我們全部來自相同的社區，但妳不是，所以妳不能玩。」因此，我被兒童拒絕接近這個團體並不是因為性別的規準，而是因為居住的地點（見Corsaro, 1985，這本書討論到幼童進入遊戲團體的儀式與拒絕進入遊戲團體的策略）。在這個例子中，身為女性以及在遊戲團體中的同性別成員，並不能確保我可以接近她們的遊戲活動。

在學校開始上課之前的休息時間裡，有一些女孩在遊戲場進行她們的遊戲活動。一位男同學Brian Patrick靠近這些女孩，並要求可否讓他一起玩。Kendall回答：「男孩止步。這是一個給女孩玩的遊戲。」我獲邀和她們一起玩並且加入她們，而沒有任何來自團體成員的抗議。Maria告訴我：「妳也可以玩。Robyn，『因為妳跟我們一樣是女孩』。」（見Corsaro, 1985，這本書討論了遊戲者接近遊戲團體的儀式，以及遊戲團體的拒絕。）Fine（1987）是位男性研究者，可想而知在他的男性青少年研究裡，他經歷過相同性別的優勢。

我們猜想，研究者企圖獲准可以接近兒童的遊戲團體，就好比人類學家進行訪談在成人的公司裡被視為禁忌的議題。因此，在文化之內，田野工作者的性別影響了他／她對特定團體的接近性（例如對女性的討論，見Abu-Lughod, 1992; Murphy & Murphy, 1974；以及Wolf, 1992。對男性的討論，見Agar, 1973與Chagnon, 1977）。這比較了在成人社會與兒童社會之間，有關基於性別成員的緣故而接近特定的活動。我的性別很少阻礙我進入任何兒童活動中，並且我能夠自由地在活動中穿梭，不論是在男孩與女孩的領域，或者加入跨性別的遊戲中。

舉例來說，沒有其他女孩允許我加入時，我被允許在男孩團體裡玩，因為我並不是個真正的女孩。當男孩在玩不開放給女孩的建築遊戲或追捕遊戲裡，我仍被允許跟他們一起玩。這情況的發生儘管來自女孩的訴求我是個女孩，但是男孩仍然讓我和他們玩在一起。男孩回擊地提出一個有邏輯的答辯——我並不是真的像女同學一樣的「女孩」，因此我可以和他們一起玩。這情況的發生部分是因為有時我被當成一個珍貴的商品，或者像是個女朋友那樣，這能為那個讓我參與其中的男孩團體提高地位。兒童建構與再建構我在田野中的性別，並且當把我歸類至社會文化範疇中的女孩時，這似乎是合邏輯的，比起他們對待長期在一起的同學來說，男孩對我用了不同的標準（Bem, 1985; Briggs, 1986; Mervis, 1987）。

在遊戲期間我具有在不同性別之間遊走自如的能力，部分也是因為兒童的認知能力與我自己對遊戲的勝任。在兒童的評估裡，我在不同種類的活動裡是個好的選手，這是因為我在童年時代參與了同性別與跨性別的遊戲活動。在男孩所享受的遊戲活動裡，像是追捕、疊積木與打籃球，以及女孩所愛玩的遊戲活動裡，像是扮家家酒、跳繩與盪鞦韆，我同樣都表現稱職。Thorne（1993）透過自己兒時的記憶，揭露了她感覺到更靠近她所研究的女孩。Thorne的童年經驗允許她接近熟悉的性別分化互動，以及給女孩子玩的遊戲類型，但沒有給男孩子玩的遊戲，這是因為她在孩提時代裡，很少經驗到男孩子的活動。相較之下，我覺得我自在與熟悉於性別分化的互動以及兼具兩性的遊戲。

相對而言，可以非常合理地認為，我能自由穿梭在遊戲團體之間的能力，乃是受到兒童對我的定位方式所影響，這樣的定位是基於我的行為與兒童自己性別基模的建構（如Bem, 1985; Briggs, 1986）。在此我同意Warren（1988）的看法，他視性別為一結構上的基礎，其中有著研究角色與認同的協商。透過兼具兩性的行為以及我與孩子的互動，我學到許多方式來成功地調整我自己的方式，盡可能成為在他們的文化裡完整的參與者。同樣地，當我與孩子在一起時，他們建構與再建構我的性別認同。

在參與兒童遊戲的廣泛範圍裡，有一些男性研究者有更大的困難。這是因為在他們的童年時期比較少社會化經驗與機會去參與主要的女性活動，像是扮家家酒、照顧娃娃，或者是跳繩。已經有許多研究指出，男孩比女孩更被鼓勵參與性別分化的遊戲活動，而女孩得到比較多的自由空間來選擇跨性別的玩具（Eisenberg, Murray, & Hite, 1982; Eisenberg, Wolchik, Hernandez, & Pasternak, 1985; Langlois & Downs, 1980; Robinson & Morris, 1986; Tracy, 1987）。此外，文獻也指出女性較男性擁有更好的溝通技巧（Codere, 1986; Fedigan & Fedigan, 1989; Golde, 1986; Warren, 1988）——能夠在假裝的遊戲裡成為成功的玩家，這是必要的因素。或許在這些例子中，具有兩性特質的民族誌作者會有超越陰柔與陽剛這種傳統刻板印象的優勢。

田野工作與性別

從文獻的證據指出，調查員的性別影響了成人人口中的資料蒐集（Bell et al., 1993; Bernard, 1994; Keller, 1985; Werner & Schoepfle, 1987; D. Wolf, 1996a），這對進行兒童研究來說同樣適用。舉例來說，在本書中所討論的許多因素之一是，田野工作者的性別影響到接近特定的兒童團體與遊戲。但民族誌進展更為重要的是，研究者個人的特質如何影響兒童的田野工作過程。

Karl Heider（1988）的研究提出為什麼民族誌研究者不同意他們對相似文化解釋的根本原因（又見Agar, 1986/1995）。或許在關聯至性別時，問題並不是方法論上的差異或比較觀點，就像Fischer（1986）與Goodenough（1956, 1957）在特魯克（Truk）島嶼社會所做的研究一樣。相反地，有一個二元的觀點發生在Robert與Yolanda Murphy（1985）、Daisey Dwyer（1978）以及她的丈夫Kevin Dwyer（1982）的研究中，這是關於民族誌研究者如何知道他們所研究的文化。許多研究者（Bleier, 1984; Fee, 1986; Gilligan, 1982; Keller, 1985）提到女性的科學家看待世界的方式與男性有別，並且因此實行她們的科學且以不同的方式著手其主題事務。

在繼續這個議題之前，我不得不提到我並不相信任何接下來的論點，是由於在男性與女性之間與生俱來的差異。許多研究聲稱，女性在田野工作中表現得比較好並且更加適合質性的研究方法，這是因為她們有能力移情、分享，以及進入田野中非階層的關係（Fedigan & Fedigan, 1989）。我既不相信女性在田野工作中表現得比較好，純粹只因為她們是女性而已，我也不相信只有女性擁有這樣的素質與屬性，而男性則無（又見D. Wolf, 1996a, 1996b）。相反地，我看到在這個面向上的差異，這樣的差異通常來自於人類不同的社會化經驗，而這樣的經驗是基於在特定性別團體中的成員資格而有所差異（Bem, 1993; Keller, 1985; Rowell, 1984; D. Wolf, 1996a, 1996b）。

男性與女性不同的社會化經驗，可以檢視由Bronfenbrenner（1986, 1989）所提出的文化生態模式（cultural ecological model）

的理論架構。在這架構之內，個人的行為以及他／她如何知道世界，乃是受到生態與文化因素所影響，進而形塑個人的生命經驗。舉例來說，當代的女性就像是殖民時期的祖先一樣，被社會化為道德的、撫育下一代的、虔誠的與溫柔的女性（Chafe, 1992）。相較之下，當代的男性被社會化為富有攻擊性的、主宰的以及冒險的特質（Williams & Best, 1990）。像這樣的因素，部分是源於男性與女性對於世界看法的認知差異所致。

如同Nast（1994）提到，婦女是關聯至兒童養育的任務，在眾多的議題中關切兒童身體的福祉，這顯現作為一種跨文化的普同性。Oakley（1994）提到，透過孩子的出生，婦女與孩子連繫在一起，而且這樣的連結擴展至社會與文化的領域。兒童屬於婦女，並且成為社會性地與婦女排列在一起。毫無意外的是，有很多的女性學者投身於幼兒教育、兒童遊戲、兒童權利以及兒童研究的相關議題——這個主題的領域允許了婦女與兒童之間的連結更加被強化。這顯現為一種雙向的連結：婦女與兒童連結在一起，而兒童成為女性研究者感興趣的參與者。

在兒童與婦女之間的連結呈現出，田野工作者的性別如何影響到與幼童建立和諧一致的關係。舉例來說，母親的類屬是關聯至養育的特質，以及這些特質在田野工作的期間發揮了作用（Rosch, 1973; Warren, 1988）。這樣的說法在我的研究中也獲得證實。

「只有女性研究者具有移情與撫育的特質，然而男性研究者無法擁有這樣的素質」，這樣的假定很不公平。相反地，我的立場是一般的婦女，以及特別是美國的婦女已被社會化擁有這些特點，然而男性社會團體則沒有這樣的社會化過程（見Bem, 1993; D. Wolf, 1996b）。

托兒所與幼稚園的老師絕大多數為女性，她們展現了許多的角色，其中之一就是替代性的母親（Granucci, 1990）。在兒童早年的日子裡，兒童與女老師的相處經驗，提供他們相似於母子連結的初步情感關係。因為在我們的社會中，女性很習慣性地連結到養育，而學前教育的老師被歸類為母親，因為她展現了相似的行為（Johnson, 1985）。

就像Warren（1988）提到，兒童描繪他們的經驗與分類田野工作者，基於他／她個人的特質、行為與和他們的互動。在組織婦女的類屬裡，幼童視所有的女性擁有他們心目中婦女原型的屬性——母親，她有著照顧與養育的屬性（Kagan, 1984; Mervis, 1987; Rosch, 1973）。社會心理學的文獻提到，兒童在同質性的原則下，組織他們的類屬以及包含其中的成員（Holmes, 1995; Mervis, 1987; Tajfel, 1982）。因此，因為我是個比較年長的婦女，我必定是個母親（如Kagan, 1984）。

因此我注意到在我的田野工作裡，有一些兒童傾向稱呼女性成人為某某太太這樣的頭銜，想必他們相信所有女性成人一定是已婚身分。當進行兒童研究時，女性田野工作者能夠採取與協商不同的研究認同與角色，包括朋友、替代性的母親、同班同學以及成人，這些不同的角色都是基於互動的脈絡。當進行兒童研究時，這種角色與認同的彈性成為一種優勢，因為這擴展了可以互動與建立信任關係的邊界與脈絡。

根據Nast（1994）的說法，女性很典型地連結到養育者與照顧工作者，因此與兒童的身體照顧也連結在一起。因而毫無意外的是，兒童有時候來找我尋求養育或是照顧的協助。我經常被要求幫忙扣上鈕扣、拉上背包的拉鍊與綁鞋帶，或是幫孩子夾上髮夾——

這樣的要求從未在同儕之間發生。我最感到窘困的時刻是在進行研究時，有位男同學Richard離開了睡房，並且要求我幫他繫上褲子的吊帶。我警覺到學校關於碰觸孩子的政策，我立刻仔細地衡量我是否要答應Richard的請求，因為其他老師並不在身旁。不過作為他最要好的朋友，我並不想要危及我們的友誼。在這個規則所控制的關係裡（如Argyle & Henderson, 1984），毫無疑問的是幫助有需要幫忙的朋友。很顯然對他而言，我對他的請求回應得太慢，因為Richard大聲喊著：「Robyn，妳能快點幫我穿好褲子嗎？女孩們就要過來了！」我快速地蹲下來幫助他繫上吊帶。像這樣與孩子的經驗和互動，強化了我們之間的關係，因為它們促成了在許多的脈絡裡相互信任與安全感的發展。

縱然個別的男性在和幼童互動時，可能會有紳士與養育的風格，但男性作為一個團體，並且延伸至男性的田野工作者，很少被認知到他們擁有這種撫育的素質（Lamb, 1987; Rane & Draper, 1995）。這種性別的趨勢已經擴展到美國的教育體系裡，並且已反映在男性與女性的職業選擇上。縱使男性占據教育裡的行政位置，並且任教於中小學裡的高年級，還是很少男性對幼兒教育感興趣（Allan, 1993; Cohen, 1990; Kauppinen-Toropainen & Lammi, 1993）。我在當代小學的經驗與觀察證實了這樣的趨勢。然而，晚近相對地湧入大量的男性，他們選擇教學作為他們的職業，並且自願選擇教低年級。[③]

這似乎可以很合理地假定美國的文化理想與價值以及差異的社會化過程，阻止男性從事養育兒童的行列。然而很明顯的是，幼童

---

③ 在我的大學裡，我已經注意到選擇教育作為主修的男性有相對增加的趨勢。我不敢確定的是，這只是特定發生在我所服務的單位而已，還是整體趨勢的一部分。

在他們托兒所與幼稚園老師身上所需求的養育行為，並且當從事幼童的研究時，這樣的行為與技巧對男士而言非常有幫助。男老師不應該背負著對兒童性騷擾的威脅，只因他們所選擇的職業生涯包括了與孩子的接觸。④

關於以上田野工作者的性別如何影響到他／她與兒童參與者所建立關係的討論，這是基於兒童尋找在女性身上的養育特質，並且顯示比較和善地給予他們回應。因此，性別影響了田野工作者如何與其兒童參與者建立和諧一致的關係。然而，很可能同樣地，兒童並不會在參與者觀察時的這種朋友角色的關係裡，尋找這些相似的特質。相反地，性別與其他的特性一致地運作，像是玩性、接近資源，以及缺乏拒絕，這些非關田野工作者的性別而是在於互動的風格。

Fedigan與Fedigan（1989）指出女性的研究者在尊重個體的差異有所偏好，且發展熱烈的情緒投注於她們的研究主體（Fossey, 1983; Goodall, 1986）。在某方面看起來，而且在我所接觸的兒童團體裡，這是非常真實的。我覺察兒童們乃是要擁有與眾不同人格特質的個別成員，他們組成一個較大的團體，分享著文化的知識。更重要的是，我排除個體性只是簡單的個人變項而已。我探索每個兒童的獨特性，以致擴展到文化的描述與解釋。我所使用的是非正式與非結構化的訪談，因為這樣的方法產生非常規的訊息，這得以讓我利用個別間的差異（Reinharz, 1992）。

很有可能是研究兒童團體的男性研究者，將焦點放在整體兒童

④ 對一般的人口群而言，確實在兒童性騷擾案例中，有極高比例的施暴者是男性，但這種情況在兒童托育的環境裡不見得是對的。

而非個別的兒童，或許這是男孩與女孩所經驗到差異的同儕社會化過程的結果。這是一個已有充分證據的事實，男孩傾向參與團體的遊戲活動中，裡面包括了很多玩家，然而女孩比較傾向於參與兼顧遊戲活動與關係的二元價值裡（Collins, 1984; Maccoby, 1990; Thorne, 1993），這樣早期的經驗促成了男性與女性研究者對兒童文化的不同認知與解釋。

此外，相關證據指出，男性與女性田野工作者在研究成人社群時，其焦點是在相同文化裡的不同現象（如Dwyer, 1978; Dwyer, 1982; Murphy & Murphy, 1985）。這樣說或許是相當真實的，男性與女性的田野工作者所關注的，乃是兒童文化的不同面向。由於他們自己在孩提時代的社會化經驗，成人的研究者或許較不自在於研究與參與特定種類的遊戲活動中。有充分的證據顯示，與女孩相比之下，男孩更加強烈地社會化於性別分化的活動（Jacklin, 1992; Maccoby & Jacklin, 1974）。事實上，到了兩歲的時候，男孩與女孩就會玩不一樣的遊戲，以及偏好性別適當的玩物與活動（Caldera, Huston, & O'Brien, 1989）。這會影響到研究者所選擇的活動種類，並且限制所觀察的種類。

舉例來說，關於玩具的偏好與玩具的性別分化，女孩比起男孩更加有彈性。女孩玩男生的玩具的可能性更大於男孩玩女生的玩具（Almquist, 1989）。這是在關於性別分化行為時，男孩比女孩有著更加強烈地社會化的結果事實。因此，女性研究者更可能且有意願參與同性別以及跨性別的活動中，她們能夠正確地體驗與詮釋兒童行為的廣大範圍。有著強烈性別分化的男性或女性研究者，非常難以參與在其他性別的活動裡，這是由於他們不適當的童年社會化經驗，以及沒有與異性遊戲的機會。此外，這似乎很合理地假定進行兒童行為的研究者，在童年期間有限制地揭露特定的遊戲機會，將會影響到成人田野工作者的經驗與看法。

在考慮到打鬥的遊戲作為學術上探究的一個主題時，多數的女性研究者很少有這類型遊戲的經驗，因為這顯示是男孩所管轄的範圍（Fagot et al., 1985; Goldstein, 1996; Pellegrini, 1996）。事實上，女孩很典型地社會化以便不要參與這類遊戲中。毫不意外的是，只有少數女性研究者顯示對爭奪打鬥遊戲以及其他攻擊性類型遊戲感到興趣。多數目前關於這個議題的文獻，都是由男性研究者所發表（Connor, 1989; Pellegrini, 1988, 1989; Sutton-Smith, 1988）。在此，田野工作者的性別能直接影響到為了調查所選擇的探究議題，以及資料如何被解釋（Connor, 1989）。兼顧兩性面向的田野工作者，在這個例子所擁有的優勢就是超越典型陽剛與陰柔的刻板印象。這些研究者能夠參與多樣化的遊戲活動，而非限於同性別的遊戲團體中。

Keller（1987）提到，女性研究者比較傾向對於差異社會化經驗的結果，以更為全面的觀點與整合的角度來看待。因此，她們或許能更理解到人類社會互動中的細微差別。在兒童玩具偏好的研究裡提到，對於女孩場所的物件比起男孩場所的物件，更加強調出社會關係（Eisenberg, 1983）。這也發生在我自己對兒童文化的分析裡。我已經放棄了化約論的取向，全神貫注於個體行為與特定關係的微妙差別。我尋找兒童思考的模式，而非倚賴於對他們行為的描述。我對兒童文化的細緻理解更有興趣，而非進行普遍的概括化（Fee, 1986; Turner & Bruner, 1986）。在這樣的例子中，對於資料的解釋與分析，是受到田野工作者性別的互動以及他／她的理論目標（例如主位與客位的目標）所影響。

在民族誌的解釋中，我更傾向讓事實來說話。當從事兒童的研究時，我們更需要耐心地聆聽兒童想要說的事情，而不是在先前所設定好的議程中運作（Fedigan & Fedigan, 1989）。這是在女性主義研究裡普遍可見的主題，這也發生在我該如何訪談孩子上。當兒童替我畫畫時，我提出開放式的問題並進行非正式的訪談。我讓兒童引導，而材料引導著我（Fedigan & Fedigan, 1989）。在訪談兒童時所需的是耐心與毅力。兒童是個絕佳的說故事人，而當可以蒐集訊息時，我們需要一直等待到精確的時刻。訪談幼童時，研究者需要有耐心，且要有意願等待想要的訊息，因為兒童處在被控制中。堅持、毅力與樂意參與非階層的田野關係裡，這顯示了男性與女性田野工作者所擁有的令人滿意的特性（Fedigan & Fedigan, 1989; D. Wolf, 1996a）。

此外，也有一種說法是，女性研究者能移情至她們所研究的主體。這是可相信的說法，因為女性研究者能讓她們的情緒引起共鳴，好讓她們的研究主體可以更加了解她們（Fee, 1986; Fossey, 1983; Goodall, 1986）。在我自己對兒童文化的分析裡，我的初步目標之一就是移除簡單地對兒童行為做紀錄的方式。相反地，透過主觀的感受與意義，我企圖去解釋兒童的行為與對話（如Turner & Bruner, 1986）。兒童文化的豐饒性是從特定的關係、經驗與兒童相連結的素材中衍生出來，這讓其他人可以更了解兒童的社交世界。這樣的作法發生在其他女性田野工作者的研究裡，像是Stack（1974）、Goodwin（1990）以及Kelly-Byrne（1989）。這些素材允許田野工作者接近兒童的主觀感受與經驗，以及最終接近兒童的文化。

對女性田野工作者來說，主體性是一把雙面刃。女性田野工作者經常使用她們所研究的個體和團體的主觀感受與經驗來解釋資料。此外，女性田野工作者比起男性田野工作者而言，更有意願去認知到在田野過程中她們自己的主體性。

在田野工作中提出來的相似議題是成人的參與者。縱然Carol Stack（1974）與Elliot Liebow（1967）都研究非裔美籍人士的社群，他們選擇相同現象下的不同面向以及採取不同的觀點。透過使用主觀的感受與經驗，Stack關注的是存在於社區婦女之間的連結與社會網絡。相較之下，Liebow的焦點是在街角的男性個體，而花較少心思於男性社會生活裡的其他男性。這似乎是很合理地假定每個研究的不同面向與選擇的焦點，都部分地關聯至田野工作者的性別，以及男性與女性差異的社會化經驗。

最後，關於對兒童的移情，我承認我偶爾會對某些兒童給予很大的關注，包括被同儕所排拒的兒童，或者經驗到生命中的危機之兒童。這種「告解式」的故事呈現在民族誌作品裡，特別是由女性田野工作者所書寫的作品（Bell, 1993）。對於受到虐待或是無法結交朋友的兒童，研究者無法不感到同情。從事兒童的田野研究時，我想不可能保持不帶情感的狀態，縱然這是很少在書寫文本裡被承認的部分。這些回應在我的田野工作裡，絕對沒有負面效應。反而，它們幫助我與兒童建立和諧一致的關係，這些經驗並不是其他的研究者會納入研究報告中。這群兒童好比是特殊的個案一樣，並不會被女性研究者所拋棄（Fee, 1986）。

關於情緒的投入，我深度關心我所研究的兒童。即使不是所有的研究，但多數研究者對他們所研究的團體是帶有感情的。有些田野工作者變得占有欲很強，且當他們對其他人描述到他們的團體時，所使用的詞彙像是「我的村民」（my village）或「我的孩子」（my kids）之類。在我自己的經驗，以及在第三章「學校組織與文化」裡所提到的，當我進行田野工作時，我變成參與在一群弱勢兒童的生活裡，他們的一些老師也是一樣。保護參與者免於受到傷害以及確保他們的福祉，必須延伸包括外在於學校的兒童生活經驗。

在成人世界多數的互動裡，兒童毫無權力且無力自衛。田野工作者在進行兒童研究（不論是享有特權或弱勢的兒童）時，在田野工作期間（以及有時在田野工作之後），會發現要採取不帶有情感的立場非常困難。然這樣的坦白也很少在最後的民族誌文本裡找到。在我早先的作品裡，我也忽略了田野經驗裡的主觀面向。

舉例來說，我之前提到我對所進行田野工作中的兒童進行養育與照顧。那些享有特權的兒童，主要獲得我的關注是在學校這個地點，然而，我對弱勢兒童的關注則是跨越了學校與家庭的界線。每當我可以這麼做的時候，我帶食物、衣服、玩具與其他必要的物品給他們，我也在我的大學課堂裡要求學生捐贈衣服給貧困的孩子。然而我知道，我所強迫參與的這些相互性行動並沒有真正改變兒童的生活。

在這方面，田野工作者有許多層次來幫助他們所研究的兒童。首先，在個人的層次包括田野工作者如何提供給他／她所研究的兒童一種相互性。這樣的行動包括帶食物、衣服與必要物品給他們。在下一個層次包括徵求社區或是社會機構的其他協助，像是學校教育委員會、基督教青年會（YMCA），以及青少年與家庭服務的部門。最後的一個層次為撰寫政策——這是一個關切兒童福祉而投入到政治的層次（Boyden, 1990）。

研究無家可歸人口、第三世界人口，以及弱勢主體的研究者大概會經歷到相同的想望，那就是讓他們所研究對象的生活變得更好（如D. Wolf, 1996a, 1996b）。在任何方式上，我都沒有視這些行動使田野工作產生偏頗；相反地，我認為它們增加了文化的重要面向。這樣的行動讓我可以說明兒童的整體生活經驗，以及進行研究時我自己的情緒。有一些學者主張，像這樣的揭露是一種簡單的淨化告解。我堅信這種類型的行為比起簡單的告解更為深奧，並且受到許多不同的因素，像是所研究的參與者年紀以及田野工作者的性別與生命經驗所引導。

總結地說，田野工作者的性別影響了兒童的田野工作過程。他／她的性別影響了：(1)與兒童所建立的關係（例如兒童對權威的覺察與身體的呈現連結在一起——男性的身材比較高大，並因此認為比女性具有威脅性，女性很典型地在身材上比較嬌小）；(2)特定文化現象的蒐集與解釋（例如打鬥爭奪的遊戲）；(3)訪談的策略與技術；(4)接近特定的文化現象，決定可以進入的人，特別是依據其性別的身分；(5)有能力參與在特定種類的兒童活動，這是作為社會化經驗的後果；(6)有培育兒童參與者的意願；以及(7)對兒童文化的覺察，作為男性與女性不同的社會化經驗的結果。

第五章 田野工作與種族性

研究者認知到個人特質的重要性，像是性別、種族、年紀與社會地位，都會促進與引導田野工作的過程（Agar, 1986/1995; Bell et al., 1993; Heider, 1988; Plumbo, 1995; Van Maanen, 1988; Warren, 1988）。一般的成人以及特定的田野工作者如何覺察孩子，以及如何和孩子互動，乃是基於文化特定的兒童養育觀點、價值，以及對兒童行為的期望。這些主位的概念與行為引導著田野工作者的行動，但應用到其他文化脈絡時，這些概念與行為既不實用也不適當（Stevenson, Azuma, & Hakuta, 1986）。本章提出了研究者的種族對於兒童文化的資料蒐集與解釋所產生的影響。①

Piaget（1929）建立了「兒童的思考在品質上不同於成人的思考」。兒童（特別是幼童）並不會使用與成人一樣的規準來控制他們社交的範圍。因此，社會科學家與成人針對種族團體使用文

① 種族（race）這個字是一個武斷的建構，一個人的文化與生物的意義與應用是比較不精確的。在這個文本中，我使用種族性（ethnicity）是指在特定種族團體裡的成員身分。這個團體由個體所組成，這些個體分享著共同的語言，以及參與在共同文化價值的意識型態中（Barth, 1992）。

化特定與比較的觀點，放到兒童研究裡不見得能夠掌握太多意義（Holmes, 1995）。相較之下，性別是一個強而有力的社會文化建構，幼童可以理解並用之以組成他們的行為與社會領域（Bem, 1983）。因此，這似乎是真實的：兒童參與在田野工作者的性別上，比參與在其種族性還要多。相較之下，對成人的田野工作者而言，性別與種族在這個過程裡則是同等重要。

晚近跨文化與多元文化研究的作品裡已經提出，有需要讓科學家理解，他們的種族或文化認同影響了他們的研究活動。特別是多元文化的諮商讓這個議題真相大白（如Helms, 1993; Pedersen, 1993; Sue, 1993）。從事幼童研究的田野工作者也需要考慮的是，他們自己的種族性如何影響到田野工作的過程。

如同Agar（1980, 1986/1995）所聲稱的，田野工作者面對的最困難任務之一，就是克服自己的文化背景，使他們可以在解釋的任務上更加客觀。企圖丟棄一個人在田野中的文化傳承，並且隨之寫下個人的田野經驗，這樣的作法受到方法論上的問題所調和，這樣的問題是跨文化研究者最需要處理的。這些問題包括了從一個文化到另外一個文化時，傳送概念與方法以研習文化事件時所存在的困難與危險（如Lasater & Johnson, 1994），以及來自於不同文化的個體關注在相同事件的不同面向上（Azuma, 1986）。

社會科學所使用的概念與理論，普遍是由西方研究者所提出來的（Azuma, 1986）。因此，用相似的意識型態應用到文化中時，運用這些概念與理論最為適當。若要用來學習文化中的行為與認知，這些典範並不是個有效或適切的工具，因為這些架構並沒有被設計在文化裡。設計適當與實用的跨文化測量標準的需求，這樣的主題已經發表在近期的研究中（Ember, 1994, 1995）。

在本章裡，我關注主流歐裔美人、非裔美人、東印度與日本的文化，來闡明研究者的種族性（文化的繼承），以及在跨文化研究中誤用比較的構想，這對於兒童的田野工作過程都可能造成影響。素材已被整合至每一個團體中討論。每一個團體都是以兒童觀點與童年作為起點，因為這些理念是潛在的因素，影響了田野工作者與兒童文化的互動與詮釋。

這些內容可以整理成以下的重點。首先，**文化**被視為由團體成員所集體分享的知識。這些內在的表徵包括了文化合適行為的規則與概要，像是家庭結構、兒童教養、性別與親屬這樣的領域（見Dougherty, 1985; Goodenough, 1956, 1957; Harkness, 1996）。這樣的知識被連結至社會的世界觀，並且扮演著在團體中生存的角色。縱然這樣的知識被團體所擁有，也承認在個體之間與個體之內具有差異的文化職能。種（民）族團體（ethnic group）這個詞彙用來指稱個體所承認的共同認同，以及參與在一個共享的文化價值體系裡（Barth, 1992）。種族團體的特徵並不是所有團體成員都一致擁有，團體內部與個體內部的差異也必須被尊重（Orbe, 1995）。

第二，美國是一個多元文化的社會。文化的多樣性反映在許多形塑美國文化的次團體中。對美國文化的討論，可理解到這樣的多樣化，以及主流、歐裔美人的核心價值被呈現作為廣泛性的詞彙，由其他種族團體所共享。透過傳播文化價值與知識給某個種族團體，Julian與McKenry（1994）提到美國有三個主要的弱勢種族團體（非裔美人、亞裔美人，以及拉丁美洲次團體），就像中產階級的歐裔美人一樣，享有相同的志向、價值與目標。

第三，田野工作者的種族背景不能阻止他／她探究與解釋透過兒童經驗所獲得的知識（如Allen, 1991; Back, 1993; Stack, 1974; M.

Wolf, 1996）。相反地，一個人的文化繼承內隱或外顯地引導這個過程，以及田野經驗的主旨。

接下來的分析是基於Bronfenbrenner（1979a, 1979b, 1986, 1989）所提出的文化生態架構模式。他提到為了要了解兒童的發展，研究者必須考慮到兒童發展中，生態脈絡的重要性與影響。相似地，在兒童發展中，多層次生態脈絡的重要性已經擴展至田野工作的過程。與田野工作過程的層次最相關的就是鉅觀與微觀的體系。鉅觀的體系是個廣闊的生態脈絡，包括了文化的意識型態與態度，像是宗教信仰、兒童教養觀與倫理觀。微觀的體系包括了處境與環境，這會立即、直接地影響個體，像是家庭、學校、工作場所與鄰里。這兩個體系證實了豐富的意義來檢視在田野的過程當中，田野工作者文化或種族身分的影響。

美國社會

美國的童年概念

就跟文化的概念一樣，童年是個社會心理學的構念，其應用與意義非常具有文化特定性（Postman, 1982）。把這樣的說法擴大，兒童的概念、在社會中兒童的場所，以及對他們行為的期望，都是文化特定的構念（Yamamura, 1986）。童年與兒童的社會觀點經常在變動，而且這些概念容易被歷史、文化、社會與生物學的勢力所影響（Garbarino, 1986; Hawes & Hiner, 1985）。更重要的是，兒童與童年的概念在相同的歷史時期、文化團體與個體中，經常呈現為多樣化（Hwang, Lamb, & Sigel, 1996）。這些印象與童年的概念連結至田野工作者如何看待兒童的文化。

來自美國的田野工作者部分受到歷史、社會、文化與經濟勢力的影響，這些勢力鑲嵌在過去與當代的美國文化裡。②因此，美國對於兒童與童年的意象，某種程度是受到西方歷史的影響。西方對兒童與童年的注解，在過去的幾個世紀裡已經有相當的轉變，並且這些對於兒童看法的變遷理念，也顯示符應了某個特定的歷史時期（Brown, 1995）。

在中古世紀的歐洲，歷史學家宣稱兒童被視為一種縮小版的成人，並且在成人與兒童之間並沒有差異（Aries, 1962）——這樣的觀點已經成功地被駁斥。在啟蒙時代，洛克（Locke）的「白板說」（tabula rasa）③導致了實驗學習的概念。這被用來確認成人須照顧與養育兒童的說法（Postman, 1982）。那個時代的宗教信仰呼籲對紀律的堅固規訓，以及強烈的工作倫理（Hunghes, 1995）。

盧梭（Rousseau）引用浪漫主義的觀點，並且視兒童為天賦上的良善與天真（Postman, 1982）。他相信兒童並不是縮小版的成人，但兒童卻應該要因為成為自己而獲得激賞。洛克與盧梭的哲學扮演了當代美國發展研究觀點的基礎（Hughes, 1995）。

在十七世紀的美國，兒童是重要的經濟來源（Beales, 1985; Hareven, 1992），且被視為進展中的成人（Schneider, 1995）。童年

② 美國是個文化多樣化的社會。所謂的「美國文化」這個詞彙，既無法精確地定義，也無法對文化差異與眾多種族團體做出公正的評論。當我們在這個文本裡使用到美國文化時，所指的是主流歐裔美國人的文化（Spindler & Spindler, 1990）。

③ 譯者注：所謂「白板說」是指洛克認為：經驗是人類心理和一切知識的來源，人一出生即像是一塊白板，一切觀念、標誌均是經驗作用於心靈上刻下的痕跡。因此，對洛克來說，他將心靈受到外界影響看成是完全機械的、被動的，否認意識的主體性。他也反對笛卡兒理性主義者所秉持的「天賦觀念論」。

被視為成人階段的預備，並且這也反映在遊戲理論裡，例如Groos（1901）的「遊戲是替成人階段所做的練習」（play as practice for adulthood）。童年被視為一段無憂無慮的時光，普遍瀰漫在主流的美國文化裡（Hunt & Frankenberg, 1990）。

到了十九世紀，兒童被看作要求成人的保護與監督，而且把兒童與成人的世界區分開來。變遷中的童年態度連結到經濟的因素，兒童不再被視為部分必要的勞動力。兒童現在被視為需要成人保護的養育對象（Hareven, 1992）。人們相信兒童代表著未來，而這樣的論點在晚近幾年裡又被重新點燃（Finkelstein, 1985）。洛克認為兒童需要照顧與保護的觀點，一直反映在當代的美國文化中（Postman, 1982）。

童年的當代觀點

在二十世紀時，兒童已被視為需要關愛的人。這樣的看法部分是由於發展心理學的出現，發展心理學強調兒童情緒與心理的福祉（Ashby, 1985）。根據Elkind（1987）的說法，美國兒童被視為得蒙福、被關愛的個體，並且因他們孩子般的特質而受到讚賞，但他們也被認為缺乏紀律（這是來自過去清教徒的遺跡）。美國人通常也被說成是試著把童年時期拉長。

有一些當代的美國人將童年期多愁善感的特質，以及兒童如何體驗到童年的本質之間進行區分。對Coleman（1961）來說，他宣稱有童年與成人世界的區分，而在他的著作《青少年的社會》（*The Adolescent Society*）裡，強調孩子是他們自己社會裡的成員，這種社會的存在是排除了成人的世界。就像Hunt與Prout

（1990b）提到，與成人世界區隔開來的童年，仍然是對兒童最為流行的描述。這樣的說法預先假定了童年存在於真空狀態中，並且在童年這段期間，兒童並不會與大人有所接觸。這些作者宣稱沒有任何研究關注於童年敘事所存在的歷史、文化與社會脈絡裡。

不論我們的信念是什麼，美國兒童經驗到許多不同種類的童年（Lynott & Logue, 1993）。事實上，童年經驗就與研究者所描述的一樣，這是深度地基於性別、階級、種族與地域的經驗（Berrol, 1985; Hunt & Prout, 1990b; Schneider, 1995）。這具有跨文化的真實性。全世界的兒童都有不一樣的童年經驗，這是基於性別、階級、種族與宗教理念的結果。

過去十年來，對於兒童與童年的觀點已經有所轉變。在過去數十年間的許多活動將兒童與成人區分開來，而現在的界線已然模糊不清（Kempton, 1981; Rosch, 1973）。舉例來說，兒童與成人現在共享相似的衣著、遊戲與活動。一個人只需要進入大型的百貨公司，就可以看到童裝與童鞋跟大人的很像，只不過是縮小版罷了——Weebooks這個品牌乃是銳跑（Reebok）運動鞋sneakers的兒童尺寸版本，服裝品牌Guess也生產了與成人系列類似的童裝。凱文克萊（Calvin Klein）這個品牌大舉任用青少年擔任模特兒，這些人拋棄了童年的純真，擺出性感的姿勢。

兒童的遊戲已經受到童年這種變遷中的文化概念所影響。在1940年代與1950年代，兒童遊戲的版圖乃是他們的鄰里社區，而正式化的遊戲是受到限制的。遊戲被兒童所接納，並且是在兒童的控制中（Postman, 1982）。當代的兒童不再限於鄰里版圖內遊戲。文化、社會、歷史與經濟的因素已經影響了兒童遊戲的版圖，且遊戲已遷移至正式的遊戲場，以及從室內移至有畫定界線的遊戲區域

（如Playdiums、Gymborees這兩家公司）。④

此外，有一些遊戲形式一旦被兒童接納之後，就不再受到兒童的控制。當代兒童目前在成人所組成的正式體育聯盟裡玩（像是小聯盟與兒童棒球）。更重要的是，遊戲已經從本質上的動機，遷移至根據成人與社會的標準下非本質的動機。有些孩子不再因為遊戲好玩而玩；相反地，他們是為了外在獎賞而玩（Postman, 1982）。這樣的情況似乎被越來越多進入專業體育領域所支持。當代的父母花了許多時間接送孩子去參加運動比賽，而不是花很多時間與他們互動。

童年這個文化概念的改變，已經受到許多因素的影響。首先，在理想、浪漫觀點下的童年以及在當代美國社會裡的童年現實之間，有著一種名副其實的區別（如Hunt & Prout, 1990a, 1990b）。其次，就像Elkind（1995）所主張的，童年與兒童這個文化概念的改變要連結至家庭結構的改變。接下來，我要談一下Elkind的作品概要。

從十九世紀中葉到二十世紀中葉，典型的美國家庭組成為核心家庭，由父母與孩子們居住在一戶房子內。父親是家中經濟的唯一來源，而母親仍舊在家從事家務。家庭成員彼此依賴對方，並且撥出時間給整個家庭進行集體互動。愛導致一夫一妻的婚姻，而家庭的義務取代了個人的追求，兒童被視為純真且需要成人的保護。這又回到了浪漫主義觀點下的童年。

④ 其他因素也影響到戶外遊戲場與鄰里的室內設施中的遊戲運動。這樣的因素包括了安全的議題、電動玩具的廣泛訴求，以及當代兒童自發性的戶外遊戲（Rivkin, 1995）。

從1960年到目前，後現代家庭的安排已經非常的普遍，這包括了雙親、單親與繼親的家庭。分擔家長的責任以及獨立的家庭關係變成了規範，個人目標不會為了家庭需求而被犧牲（又見Hareven, 1992）。對多數家庭而言，不再有家庭晚餐的時間。家庭成員仍然是這個團體的一分子，但各自獨立是一種指導原則。童年的競爭力與堅毅力已經被當代家庭的童年概念裡，那些浪漫與無憂無慮的日子所取代（Elkind, 1995）。

在我們的社會裡，童年被預想為一段保護兒童的時間。兒童被預期受到庇護，免於受到經濟、政治與性別影響的要求（Garbarino, 1978）。然而，「倉促兒童」（hurried child）這樣的說法隱含著美國兒童看起來都太像「小大人」（Elkind, 1981; Packard, 1983; Winn, 1983）。兒童經驗到父母的壓力以達到認可，並且變得對於成人的活動與努力感興趣（Hunt & Frankenberg, 1990）。更重要的是，世界上的兒童並沒有體驗到無憂無慮與純真這種傳統西方的童年概念（Hunt & Prout, 1990a）。在全球的各個角落裡，有無家可歸的兒童、有居住在被戰爭影響的區域裡的兒童，也有被販賣為奴隸與雛妓的兒童。

在離婚率逐漸攀升的年代裡，兒童被預期與請求來給予父母情緒上的支持（Winn, 1983），這是後現代家庭隨之而來的結果，在那裡普遍流行著童年能力的觀點（Elkind, 1995）。兒童也比以往經歷到更多的成人問題：青少年懷孕、物質濫用、酒精上癮，以及犯罪行為等，這些還都只是一些案例而已。追求美國理想中的成就，早已在兒童非常小的年齡裡推動[5]。

就和童年的概念一樣，美國的田野工作者也容易受到文化、歷史與社會力量的影響。此外，田野工作者也受到他們自己生命經驗的影響。在使用由Bronfenbrenner（1986, 1989）所提出的鉅觀體系與微觀體系下，展現了一種解釋田野工作者個人特質影響的優勢。這樣的理論闡明了發展是如何受到來自於許多個人互動的環境裡，其個人與一般經驗的形塑。一般田野工作者——且特別是美國的田野工作者，無法逃脫他們鉅觀體系的影響，在那裡，他們觀察到兒童文化以及解釋來自兒童文化的資料。

思考一下田野工作者的微觀系統如何影響到田野的過程。舉例來說，美國的田野工作者（基於他們的年齡）是在現代、後現代，或者在結合這兩種家庭結構的家庭裡長大。因為每個家庭的結構都關聯著不同的兒童觀，田野工作者在這樣的家庭裡長大，有不同的社會化經驗，以及進入田野的過程裡，有不同的事先預期，以及兒童、童年與兒童關係的概念。就像Oakley（1994）提到，童年的記憶受到成人對童年的看法所侵擾。因此，記憶與經驗進入到一個人對童年與兒童行為的詮釋。

---

⑤ 晚近的研究者（如Lynott & Logue, 1993）已經呼籲那些宣稱有著倉促兒童的人，在說明美國兒童差異的生活經驗上已經失敗〔譯者注：父母這種不斷督促孩子學習、期望他們成績優良，甚至指望孩子表現得就像成人般的情形，便被稱為「倉促兒童症候群」（hurried child syndrome）〕。對於倉促兒童現象的進一步宣稱，並沒有在這些條件與因素（像是年紀、種族與性別）之間的連結上進行檢視。Lynott與Logue（1993）主張，多數的美國兒童並沒有經驗到這種倉促兒童。兒童的經驗基於很多因素，包括種族、性別、階級與地點（Berrol, 1985; Hunt & Prout, 1990b）。

美國文化、個體主義與田野工作

跨文化的研究者在研究文化差異時，設計出許多面向，其中之一就是個體主義與集體主義（Dion & Dion, 1993; Triandis, 1989; Triandis & Berry, 1981; Triandis et al., 1988）。個體主義的文化特色在於將個人或個體的目標與需求置於團體之上。相較之下，集體主義的文化特色是團體（例如大家庭）的目標與需求高於個人的需求與利益（Triandis et al., 1988）。

根據這樣的定義，美國文化比較明確是屬於個體主義（Engel, 1988; Triandis & Berry, 1981; Wheeler, Reis, & Bond, 1989），以及從事兒童研究的美國田野工作者，也是假定受到個體主義的理想所引導。這對整個田野工作的經驗而言是非常的真實，它反映了西方個體主義的意識型態。田野工作在某種程度上是一種孤單的實行，這是一種獨自的努力，在其中個體尋求去了解其他團體，然後傳送這樣的理解給讀者。研究者進入田野的時候，乃是受到個人的目標與動機所引導，不論他們是否要追求知識、其他的出版或政治的議程（例如Van Maanen, 1988）。

根據Spindler與Spindler（1990）的說法，主流的美國文化瀰漫著獨立、自由、技術提升與變遷的價值。這些作者聲稱美國文化的主要特色是基於變革的價值。在其絕大部分面向上，美國人關切未來，並且對變遷抱持必要與正向的觀點。

此外，美國人重視成就、成功、競爭與自我的表達（Engel, 1988; Spence, 1985; Spindler & Spindler, 1990）；甚至當美國的兒童還非常年幼時，在他們足夠成熟去做這件事之前，就被要求表達自己想要的東西。美國父母對於幼童的語言發展與表達能力的期望非常清楚，甚至蹣跚行走的幼兒就被預期以口語與肢體表達他們的需求與需要（Befu, 1986）。

美國的價值結構在許多方式上影響了美國從事兒童研究的田野工作者。首先，在觀察與解釋來自兒童團體的資料時，美國的田野工作者似乎很有可能關切個體的差異與成就。對個體差異或對整個團體特色的不同關切，乃是導因於研究者的性別與其文化繼承的互動所致。

舉例來說，來自個體主義文化的研究者（例如美國）在解釋與分析兒童團體的資料時，比較傾向於強調個體差異。相較之下，來自集體主義文化的研究者（例如日本與中國）在解釋與分析資料時，則較傾向於在整合來自個別兒童的資料後，進而關切團體的特色。縱然我關切的焦點是團體，但我也花了很大的功夫在我的兒童文化現象的分析裡，強調個體內與個體間的差異。

第二，美國的田野工作者或許更傾向於選擇性地強調及參與發生在兒童文化裡的改變。美國的價值結構有很大一部分強調著變遷，而改變被視為是好的（Spindler & Spindler, 1990）。兒童遊戲的研究焦點集中於團體組成上的改變，傾向支持下面這樣的說法：美國的研究者重視改變，以及透過這個價值來解釋行為。

第三，獲取自兒童文化的資料，通常透過自由與自治的價值來加以解釋。進行兒童的研究時，一個無法改善但需要格外注意的是兒童缺乏社會技巧，他們是依賴的，且無法表達自己。這些是在美國文化裡的核心價值，而且必須清楚地認知到兒童在這些領域裡並不具有耐心。

第四，是關於美國之成就與奮力做到最好的議題。我懷疑美國的田野工作者有時無意識地會把關切擺在最受歡迎、天資聰穎或是善於社交的孩子身上，因為他們代表著傳統中產階級觀點下的兒童樣貌。對美國的田野工作者來說，他們使用主導、主流的中產階級價值來解釋資料。在美國的社會裡，社經地位是一種強而有力的因素，影響了一個人的童年與生命經驗（Hunt & Prout, 1990a）。當研究者來自於中產階級的背景，在弱勢鄰里社區中進行兒童的田野工作時，這就變成一個特定的問題了。同樣地，二者處境顛倒也會引起錯誤地解釋兒童的行為與經驗。兒童的社會化經驗以及隨之而來的外在行為，都是受到種族、性別與社經地位的影響。因此，似乎可合理地假定在研究者與被研究兒童的社經地位之間，有著一種雙向的關係，這將影響對兒童行為的解釋。

最終，有一個語言能力的議題。我在學校裡進行田野工作，那裡有一些兒童是耳聾的，以及有些兒童的英文為其第二語言。關於耳聾或者英語為其第二語言的兒童，研究者對其行為的解釋或許會有誤解或忽略的問題，因為田野工作者對這些語言的能力相當有限。精通於西班牙文的研究者在研究學校裡（說西班牙語和英語）的雙語兒童時，變成是一種優勢。我能以兒童的母語和英語來和他們溝通，因此我能與他們建立和諧一致的關係，並且將他們的經驗納入我對兒童文化的解釋中。

非裔美國人的文化

非裔美國人的文化有其在西非文化價值與實行的歷史根源（Logan, 1996）。當融入其元素至歐裔美國人主流文化的同化裡時，目前仍保留著其繼承的傳統（Hale, 1986）。縱然在美國的種族弱勢團體共享著相同的目標，也就是主流的文化，但他們仍可以從主流的美國區隔開來，保存自己獨特的文化（Hale, 1986; Julian & McKenry, 1994），非裔美國人就是這樣的次團體。

在非裔美國人的社群裡有一個很堅固的歷史遺產，就是家庭的力量與重要性（Franklin, 1988）。為了這個理由，我選擇把焦點集中於家庭的結構、兒童養育的實行，以及成人—兒童的互動。

追溯至非洲的文化實行下，非裔美國文化中普遍的特色之一，是大家庭的重要性（Logan, 1996; Sudarkasa, 1988）。相似於東印度的兒童，非裔美籍兒童通常生活在大家庭裡，包括了祖父母與其他親戚。然而就像Stack（1974）提到，對比於歐裔美國人的社區，非裔美國人也使用社區裡沒有（種族）關聯性的成員，作為兒童養育責任與孩子社會化的重要資源。Stack（1974）指出，這些個人為「想像的親屬」（fictive kin）——沒有（種族）關聯的社區住民，他們分享著這個堅固的連結、尊重彼此，以及同等地愛著對方，就像是在親屬的連帶裡所表現的一樣。對比於主要的歐裔美籍人士的家庭組成類型，這樣的類型很典型地只包括最接近的家庭成員。

從家長的觀點來看，非裔美籍兒童的社會化過程不僅充滿困難而且有問題。為了生存，非裔美籍兒童需要體驗到二元的社會化過程。他們需要成為黑人社群中具競爭力的一員，同時也要學習到主流的歐裔美國文化。因此，父母傳授他們自己文化的知識，這是為孩子即將進入世界的現實先做好預備（Denby & Alford, 1996; Julian & McKenry, 1994; Peters, 1988; Smith, 1996）。

非裔美籍父母傳遞美國的核心理想給他們的孩子，像是自由、成就、努力工作而成功等等。此外，他們也有著文化特定的價值，包括團結、民族自決、集體主義、合作經濟、意志、創造力、堅毅與信心（Hale, 1991; Logan, 1996）。

縱然核心的美國意識型態強調個體的重要性，非裔美籍兒童也在集體主義的意識型態中成長。非裔美籍兒童被教導重視家庭成員之間的連結與相互依賴。這樣的相互依賴與西非的文化實行有著歷史上的連結（Serpell, 1996），並且部分地解釋為什麼非裔美國人被視為人群導向，而非物件導向（Hale, 1986）。如同我在第二章「方法：從事兒童研究」裡提到，非裔美國人強調社會互動，這引導了我與非裔美籍兒童訪談的進行方式。縱然我知道每一位兒童有其個體狀態與性格，我發現非裔美籍兒童享受小團體的安排，並且與同儕們一起社會化。因此，我經常以小團體的方式來訪談孩子，並且發現很有效果。我確信孩子在這種小團體的訪談中感到自在，就好比非裔美國文化強調集體主義一樣。

最終，非裔美國文化的另一個獨特的特色，就是與歐裔美國文化區隔開來。非裔美籍兒童在強烈的信心之下成長（Hale, 1991; Smith, 1996）。在非裔美國人的社區裡，教會扮演了一個主要的角色（與家庭和諧一致），而作為兒童的社會化機構之一（Durodoye, 1995）。

這種關於兒童的成人想法反映了在非裔美國文化裡的重要位置。成人理解到兒童天生良善，且被視為「非裔美籍家庭生活的重心」（the centerpiece of African-American family life）（Billingsly, 1992, p. 65）。家長與孩子分享無條件的愛，而且愛從未被用來作為行為的增強物（Nobles, 1988）。家長教導孩子尊敬權威人物、養成對家庭的責任感，以及有著堅定的宗教信仰（Julian & McKenry, 1994）。然而，非裔美籍父母所採取的方式常被主流文化錯誤地解讀。

舉例來說，多數非裔美籍的家長對孩子相當嚴格，並且使用獨裁的方式來教養兒童。相較於歐裔美國人使用理性權威的風格來教養小孩時，體罰被視為殘忍的（Denby & Alford, 1996）。有一些非裔美籍的家長使用體罰（同時對孩子解釋進行體罰的原因）以教導義務與順從。順從是一種高度令人滿意的事，且被視為獲得學業成功的手段（Denby & Alford, 1996; Peters, 1988）。最近的研究已經企圖使用非裔美國人的文化技巧，來介紹另類的規訓與懲戒的方法（Denby & Alford, 1996）。

在學校場域的田野工作者應該要知曉父母—孩子這種規訓行動的互動。歐裔美國人與來自這個文化的田野工作者，不會對孩子使用體罰，他們解釋為家長的粗暴行為是：不適當的、缺乏教育子女的技巧，或者依賴嚴厲的懲罰、兒童虐待。很重要的是，要理解到兒童教養的實行產生在特定的文化環境裡，而田野工作者觀察到這些行為並精確地提出解釋。

此外，假若研究者沒有覺察到特定的文化實行與互動風格的話，那麼從事兒童研究的田野工作者可能會錯誤地解釋非裔美籍兒童的行為。[⑥]首先，當談論到權威人士或年長者的時候，非裔美籍的兒童不會直視他們的雙眼，而且有時不會直接看這些人的臉。對於那些不熟知兒童這種行為的人，通常會將之解釋為兒童不夠專心。這樣的行為可以有很多不同的解釋：首先，與權威人士交會是非常失禮的事，或者眼神交會只可以在內在團體（in-group）成員之間，而非在外在團體（out-group）的成員之間（Hale, 1986）。

---

⑥ 我從兒童的祖母與父母那邊，學到了很多關於非裔兒童與成人互動的訊息（又見Hale, 1991）。

兒童通常與老師會有這樣眼神交會的舉動。不論他們與我的眼神交會是否感到自在，我通常可藉此判斷我與這群孩子的朋友角色是否具有效力。我已解讀到的是，因為眼神交會就像是一種符號，他們並沒把我當成一個權威人物。

非裔美籍的家長很典型地對孩子很嚴格。使用寬容或引導風格的老師通常較難規訓孩子，並認為他們是難以駕馭的孩子。基於他／她們與成人權威人士的經驗之下，非裔美籍兒童期望老師是種強人的姿態。這可能會導致錯誤地將弱勢兒童解釋為，他們對於成人的要求不是行為失態就是反應遲鈍。這樣錯誤的解釋部分是由於兒童與老師之間溝通不良，這是基於老師與兒童對於成人—兒童互動的文化期望上的差異。

最終，與歐裔美籍兒童相較之下，非裔美籍兒童傾向更為主動與粗野。高度的身體移動通常被錯誤地解釋為過動，或者無法安靜地坐下來，以及無法在課堂上專心。大肢體運動、表演，以及創造性的表達，全都複雜地與非裔美籍兒童連結在一起（Hale, 1986）。

東印度人的文化

只有少數當代社會的文化、宗教與社會的實行抵擋了變遷或西化，印度就是這樣的國家；在印度，傳統仍然非常穩定地維持了好幾個世紀。藉由印度教與種姓制度的結合，儘管都市化與核心家庭增加，傳統的大家庭仍然保存下來（Roopnarine, Talukder, Jain, Joshi, & Srivastav, 1990）。因此，大多數的東方印度兒童花了他們養成階段的時間，成為聯合家庭與大家庭中的一員。父母、祖父母、叔叔以及嬸嬸，每個人都在兒童的社會化中扮演著角色（Roopnarine & Hossain, 1992; Roopnarine, Hossain, Gill, & Brophy, 1994; Roopnarine et al., 1990）。

社會與宗教因素引導著社會對兒童與童年的看法。在印度，種姓制度支配著童年的經驗，而且印度教的教義引導並影響了兒童教養的實行（Roopnarine & Hossain, 1992; Roopnarine, Hossain et al., 1994）。一個重要的社會化經驗包括兒子與女兒的不同地位，根據宗教的教義與文化的意識型態，比起女兒來說，兒子更受到渴望與偏愛。長子享有在家庭中最受尊崇的位置（Roopnarine et al., 1990; Suppal, Roopnarine, Buesig & Bennet, 1996）。兒子在聖典中執行宗教義務，並且永久保存家庭的名字與傳承；女兒則被視為累贅，是跟著婚姻實行而來的必然後果。

最後，意識型態的信念管理著印度社會的男性與女性角色。這樣的看法乃是深深地根植於歷史的神聖文本與宗教教義中。舉例來說，對印度社會的最好描述乃是父權與獨裁主義。一般來說，男性占據尊崇與權力的位置；女性則在婚姻裡對男性卑躬屈膝，要在擁有小孩後才具有地位（Roopnarine & Hossain, 1992; Suppal et al., 1996）。

這樣的觀點影響了兒童的教養以及父母的責任。在傳統印度家庭裡存在一種二分法——女性連結至家庭與兒童的身體照顧，父親則是關聯至家庭經濟的生存能力。因此，母親是兒童的主要照顧者，並且與孩子分享著緊密、親密的連帶。相較之下，印度的父親被刻劃為令人感到恐懼、嚴苛的家長，他們只參與少數的兒童照顧責任（Roopnarine & Hossain, 1992; Suppal et al., 1996）。

家長一嬰兒的遊戲，特別是在印度的父親與嬰兒之間，並不會有粗暴或是肢體的遊戲，就像在美國的社會裡所觀察到的現象（Roopnarine et al., 1990）。在印度，家長—嬰兒的互動包含大量的支持、愛撫與觸覺的刺激，這反映了沉著與寧靜的文化價值（Roopnarine, Hossain et al., 1994）。此外，印度的母親比較喜歡延續孩子的性向，而不會指導兒童的行為。這樣的現象是由以下的信念所造成的，他們認為孩子天生擁有特定的能力，而這些能力需要被尊敬（Kakar, 1978; 引用自Roopnarine & Hossain, 1992）。

從事美國兒童研究的印度籍研究者，會把焦點集中在符合印度文化與兒童教養實行的行為觀察上。因此，美國家長與嬰兒玩的粗暴肢體遊戲，假若他們是透過印度的價值結構來解釋的話，就可能會被誤解。我們可以合理地呼籲，這些經驗將會渲染了東方印度的研究者對美國兒童的解釋，並且反之亦然。

相反地，美國的研究者針對印度社會裡的兒童行為分析時，或許沒有理解到大家庭在兒童社會化中的重要性，並且倚賴在美國的家庭型態中（像是核心家庭與單親家庭）來解釋印度的行為。當美國家庭型態、社會化與兒童教養等概念，被調換到印度的資料裡時，就會發生資料被錯誤解讀的狀況。舉例來說，大家庭從未真的成為歐裔美國文化的一部分（Hareven, 1992），並且美國田野工作者對於解釋在其孩子社會化裡的家長角色時會有困難。美國田野工作者只會把焦點集中在家長—孩子的互動上，這是比較適合美國文化，並且忽視了在兒童發展中其他關係連帶的重要性。

在印度社會裡，種姓制度決定了一個人的童年經驗。從事兒童研究的美國田野工作者在解釋兒童文化的資料時，很習慣地把焦點集中在種族與社經地位。因此，對美國田野工作者來說，要納入種姓制度的影響來解釋關於兒童的田野資料會有點困難。最後，美國社會不論是宗教派別或種族團體都非常多樣化，沒有任何宗教的陣營定義了美國的文化。因此，當美國的田野工作者在解釋兒童的經驗時，可能會輕忽宗教信仰的重要性。

日本人的文化

日本是少數工業化社會裡，傳統的文化價值仍倖存下來的社會。就其眾多的面向來說，日本能夠逃逸於西方的影響，部分是因為到最近這個世紀才開放外國人的到訪（Stevenson et al., 1986）。

自第八世紀以降，日本的哲學視兒童為「寶石」（jewel）（Takeuchi, 1994）。這個說法的提出是宗教信仰與經濟因素的結果。Yamamura（1986, p. 30）對於這個譬喻的存在提出了解釋。日本的父母可說是變得如此強烈地依附於孩子，卻迷失了自己。根據佛家陣營的解釋，這樣的愛受到塵世的欲望所汙染——即溺愛（kobonno，為子煩惱）。這樣的情緒性是結合這樣的認知：某人的孩子最終要對其父母與家庭負起財務責任。因此，宗教與經濟的因素導致認為孩子就像寶石一樣。

兒童階段在日本的意識型態裡被視為是正向的。童年與兒童的素質並不帶著負面的延伸意義（Chen, 1996）。這與美國文化裡對童年的看法形成對比。根據Goodwin（1997）的說法，兒童的生命經驗很少被觸及，這是因為童年只被視為一個社會化過程的階段，兒童必須通過這個途徑到達最後可欲的成果，也就是文化上可以勝任的成人。

日本的田野工作者受到自身文化對兒童看法的引導，最有可能視兒童是天生的乖順。事實上，在日本，兒童被視為純淨而高貴。

一般的成人（以及特別是父母）由於他們成人地位的原因，則被認為是比較不重要的。在日本的意識型態裡，兒童被視為比成人來得重要（Yamamura, 1986）。在日本歷史視野的結果之下，日本的田野工作者可能傾向溺愛與過度保護他們所研究的兒童。

在日本，因為兒童被認為是比成人還要優先，這樣的說法也影響了日本田野工作者與幼童建立的研究者與被研究主體的關係，在這樣的文化氛圍下，田野工作者易於尊敬年幼的研究參與者。在與兒童互動的田野之中，日本的田野工作者無意識地調整他們的行為舉止，以致在這種關係裡的權力平衡能夠符合兒童的偏好。像這樣的互動風格導致對某一種研究參與者的尊崇。在日本社會裡對兒童的尊崇，導致了兒童的研究是在犧牲研究成人的總體之下而進行。

在日本的文化裡，強調的是一種人際之間的關係，自我是由和他者的關係所定義（Triandis, 1989）。日本社會的成員是相互連結的，而這樣的相互連結乃是透過情義與感恩的行動來維持。在基於與其他人的關係之下，當某人需要幫助而拒絕去協助的話，就會被認為非常失禮。像這樣關於行為的文化描述，增強兒童既存的照顧父母的家庭責任（Befu, 1986）。

在美國的文化裡，自我是由個體的特色與目標所定義。在日本要照顧父母的觀念既不存在美國的文化裡，也沒有被傳送到其他的文化中，這是由於社會、文化與經濟因素的差異所致。在日本文化裡所強調的人際間的依賴，與美國的文化價值形成直接的對比。在我們的社會裡，個體最受到關心的是，什麼東西是他們自己的最佳興趣，以及一個人能輕易拒絕親戚或陌生人，其小小請求或不費吹灰之力的小忙（如Befu, 1986; Engel, 1988; Spence, 1985）。此外，美國的婚姻與居住型態，以及後現代家庭的結構通常都不包含集體主義文化裡強烈的家庭責任。成年的孩子接受責任並提供父母居家照顧，而不是將年邁的雙親安置於沒有血緣關係的專業人士所提供照顧的安養中心，這樣的現象在美國的社會裡比較不普遍。

不像西方兒童與童年的概念，遍及整個歷史裡，日本文化裡兒童的概念仍然相當穩定。日本的兒童，不像西方的同儕，經歷了社會所認可的年齡階段，作為他們從兒童到成人狀態的過渡（例如男兒節、女兒節、七五三日）。這種過渡性的過程自從歷史時代以降已經保留了下來（Yamamura, 1986）。兒童被認為是成人所愛的對象，且今日仍在日本社會裡占有核心地位。當代的日本兒童被父母過度保護與溺愛——這是歷史信念中所留下來有關兒童的看法（Takeuchi, 1994; Yamamura, 1986）。

舉例來說，Chen（1996）評論到日本的觀光客無可奈何但又不得不注意到成人是如何溺愛他們的孩子。根據西方親子互動的想法，日本兒童是被寵壞的。然而，日本兒童與他們的父母分享著令人難以置信的親密連結，而且日本兒童也特別有教養。

成人對兒童的溺愛要連結至兒童的文化概念，以及父母看待兒童行為的方式。舉例來說，日本的父母相信兒童不可以獨處，而且有些人總是和孩子在一起。父母想要避免兒童感到寂寞，於是有了與兒童共浴及共眠這種文化的實行，其背後的理由是兒童有可能面臨到寂寞的緣故。第三個寂寞所招引出來的情境包括了與照顧者的分離。因此，在日本很少施行聘請保母的作法，並且這增強了母親與孩子之間先前的親密連結。這樣的文化實行符合了孩子情緒上的需要（Chen, 1996）。

日本是一個集體主義的文化（Kashima, Yamaguchi, & Kim, 1995; Triandis, 1989; Wagner, 1995）。日本社會所強調的是，實現

團體的需求與目標乃高於實現個人自身的需求。然而，個體的獨立在團體裡也是被認可的。日本社會重視遵循、順從、團體和諧、合作、自信、八面玲瓏的自我表達，以及盡最大努力（Azuma, 1986; Befu, 1986; Tobin et al., 1989）。

對日本父母而言，amae（大底上可以譯作依賴，日文的漢字為「甘え」，其意思除了依賴之外，也包括像孩子般的行為）是一種令人滿意的兒童特質。社會化過程的終極目標，乃是製造出成熟的成人——他是「依賴於其人情世故的行為上」（Chen, 1996, p. 123）。這樣的個人知道何時以及如何產生文化上適當的回應，以及預料與符合他者的需求。

在多數的西方社會裡，特別是在美國社會，個體主義是一個很普遍的文化意識型態（Engel, 1988; Spence, 1985; Spindler & Spindler, 1983）。事實上，美國的文化價值是與日本的價值相對立的。美國人鼓勵孩子尋求自主而非依賴母親，期望在互動中的率直，以及為了自己的主動精神、自由意志與獨特性而奮鬥（Azuma, 1986; Befu, 1986）。在美國社會裡，做決定乃是個體的過程，並且甚至是幼童也被社會化要為自己做決定，這通常早在他們有能力做決定之前就已經實行（Befu, 1986）。

在社會的互動裡，日本的成人很少在孩子面前清楚表達他們的感受。更重要的是，成人不會在孩子面前表達正向的情緒，因為成人可能缺乏信心來推測孩子所懂得的東西。相反地，成人主要在孩子面前表達罪惡或羞恥的情緒（Yamamura, 1986）。這樣的溝通與互動風格，或許影響到日本田野工作者是否容易與孩子建立和諧一致的關係，這樣的影響除了來自研究者個人自身之外，也包括來自文化的影響。舉例來說，美國兒童通常會評估一個人的行為，並且有著面部表情的表達。微笑關係到我們認為某個人很好，反之，皺眉就關係到我們認為某個人很卑鄙。

在集體主義裡所強調的東西，似乎很合理地支持日本的研究者有著緘默的偏好，在研究兒童時，把焦點集中在團體的行為，而不是看個別兒童在遊戲中的行為。舉例來說，當研究兒童的遊戲時，日本的研究者比較傾向把焦點集中於團體遊戲，而非單獨遊戲或平行遊戲。必然是他們對於兒童文化資料的解釋與分析，比較強調團體，而非提出在個體之內與個體之間行為的細微差異。此外，在日本社會裡，有一種避免批評他人的文化迴避。兒童被鼓勵尋求自省（self-examination）（White & LeVine, 1986, p. 59）。

在美國的兒童，對他人的批評是很普遍的，不論是某個人如何會玩，或者某個人正在展現的特定行為。日本的田野工作者會不易處理或解釋美國兒童的批判本質。當解釋來自其他文化的兒童行為資料時，日本的田野工作者發現要取代他們自身的文化想法有其困難。

最終，日本的文化行為影響了與兒童的訪談過程。在我自己與兒童的田野工作裡，大量運用非結構化與非正式的訪談。美國兒童習慣回應成人的探詢，並且在沒有任何抗拒之下回應成人。然而日本兒童基於其脈絡的情境，將成人的詢問解釋為他們行為舉止表現不好的信號。事實上，在日本的托兒所老師通常使用幼稚的問題作為紀律養成的形式（Lewis, 1986）。日本的田野工作者不太情願地對幼童展開詢問，因為在日本，成人詢問這樣的行為形成了兒童的立即唱和。

兒童田野工作的一項優勢或許就是日本的家長稱呼他們孩子的方式。舉例來說，家長很典型地稱呼彼此為「爸爸」與「媽媽」──特別是孩子在場的時候。這對比於西方的家長所使用的稱呼，很典型地，通常是直接稱呼其名字。日本的家長通常「假裝成兒童」來預期兒童的需求，並且在稱呼方面，採取兒童觀點來看待這段關係（Chen, 1996, p. 125）。這種採取兒童觀點的渴望乃是日本人社會化的基礎（Chen, 1996）。

最後的例子是來自Tobin等人（1989），針對日本、中國與美國學前教育的比較，這闡明了在使用本位價值構念與實行之下，解釋來自於異文化裡行為的困難性。就這份研究的方法篇章來說，Tobin等人所運作的是視覺民族誌（visual ethnography）。以每個學校所錄下來的片斷作為樣本，放映給三種文化裡的所有老師觀看，然後每位教師被要求評估其中所採取的班級經營技術。在所有的個案裡，老師回應與評估目標教師的行為，乃是基於他們自己文化對於兒童行為、班級經營與社會價值的意識型態。

在某一個錄製的教室場景裡，當某位兒童行為舉止不良，且其他兒童對老師抱怨某人的行為時，日本教師絕對不會提供任何指示。老師不會幫孩子解決他們的衝突，而是告訴孩子們這是他們的問題，他們必須表決如何處理這個害群之馬。在日本，托兒所的老師很少干預兒童的事務；相反地，他們很典型地鼓勵孩子去管理與解決自己的問題（又見Lewis, 1986）。

當要求老師評估這一集畫面時，美國老師發現日本老師缺乏對教室裡不適當行為的管理，因為美國老師判斷這些行為是基於美國的概念，以及在班級經營議題裡對老師行為的描述。美國老師處理了兒童的衝突，且個體主義的美國價值並沒有傳送到日本的教室與社會裡，在日本所重視的是集體主義、團體的分工合作，以及來自於成員的服從（又見Lewis, 1986）。

在上述例子裡所提到的議題，包括了文化相對主義（cultural relativism）與種族中心主義（ethnocentrism）的概念。跨文化心理學與跨文化研究，試圖檢視與比較跨文化下的人類行為，以尋找文化特定的行為與文化普同的行為（Segall et al., 1990）。從事兒童研究的田野工作者在解釋來自異文化的兒童行為時，他們需要覺察到自己文化裡的偏誤、想法與實行方式。

研究者如何再現兒童

研究的定位與理論的觀點也是種普遍的因素，能夠影響到田野工作者對兒童文化的解釋（Sutton-Smith, 1994; Van Maanen, 1988）。縱然這些因素在研究裡發揮了影響力，但它們通常與研究者的性別與種族交錯在一起。

在晚近的研究裡，Schwartzman（1995）重新檢視她的分析：研究者如何再現兒童，以及兒童的這些概念如何影響田野工作者對兒童文化的描述與解釋。在她第一本提到兒童遊戲的人類學研究裡，Schwartzman（1978）辨別了許多的比喻，用來引導研究者對童年與兒童社會化的觀點。接下來所討論的是她相似比喻的摘要，這影響了對兒童文化的解釋。需要牢記於心的是，這些主要都是西方的看法，而且對兒童的比喻在跨文化之間有很大的差異（見 Hwang et al., 1996，這筆文獻討論到童年的文化特定印象）。

兒童為未經開化者

認為「兒童未經開化」（children as primitive）的觀點，在十九世紀與二十世紀初期所進行的研究裡占有主導的地位，並且兒童發展這種進化理論的影響就是最清楚的證據。佛洛依德（Freud, 1990, 1905）、艾力克森（Erikson, 1963, 1968）與皮亞傑（Piaget, 1929, 1959, 1963）的階段理論，驗證了兒童發展這種進化思想的影響。Stanley Hall 的遊戲的屈從理論（見Hughes, 1995）視人類遊戲的形式，是我們進化過往的最突出部分。舉例來說，嬰兒在地板上爬行，被視為我們人類進化成兩足動物歷史的反映。這也反映在當代的研究者裡，他們視兒童為不成熟與不完整的，這是因為發展最終的產品是完全建構好的成人。Goodwin（1997）主張普遍流行的西方觀點認為兒童與童年社會化過程低於成人，這導致兒童議題在人類學研究裡的晦澀不明。

兒童為模仿者

認為「兒童是成人模仿者」（children as copycats）的看法在二十世紀初期相當流行。兒童被認為是成人行為的被動模仿者。Groos（1901）的理論視遊戲為成人技巧的練習，代表了這樣的說法。受到這個譬喻所影響的研究者，視兒童的遊戲為兒童排練技巧的工具，這是為他們的成人生活所做的預備。像是行為主義這種心理學的理論，提供了人類是被動有機體的看法。認為兒童能夠發明或創造自己的文化或行為的說法，最終取代了人類是被動有機體的看法。

兒童是人格的受訓者

兒童作為人格受訓者（children as personality trainees）的看法已經延伸到二十世紀，並且目前受到心理人類學者的歡迎，這群學者所研究的是在文化與人格之間的關係。這個觀點歷史上發源自Benedict（1934）的主張，文化擁有單一與主宰的類型，並且這種類型連結到典型人格的類型。縱然Benedict的研究是在成人的社群裡，Mead（1961）尋找在成人生命經驗的文化影響與人格類型之間的連結。採取這樣觀點的研究者通常失敗於無法說明關於人格的個體之間與個體之內的變異。此外，這樣的觀點適合在真空的狀態檢視兒童的行為，而不是理解到文化融合的本質（Harkness, 1996）。Graue與Walsh（1998）提到在解釋兒童文化時，其脈絡的重要性。

兒童為頑童

認為兒童為頑童（children as monkeys）的看法，在兒童行為學家之間非常普遍，他們相信，要研究人類的行為，可以用研究動物種類行為這樣相同的方法來檢視（例如McGrew, 1972）。使用行為記錄來研究兒童的行為發生在1970年代，並且行為記錄在當代兒童遊戲的研究裡，特別是對侵略性的遊戲。使用這個比喻的研究者很典型地把焦點集中在外顯的行為上，並且研究行為的連續類型。

兒童為評論者

在兒童為評論者（children as critics）的觀點裡，「兒童扮演著翻譯者、評論者，並且甚至批判了他們自身與成人的活動」（Schwartzman, 1978, p. 25）。這樣的觀點反映在兒童口語藝術的形式裡，在其中，兒童通常採擷來自成人世界的一些材料，並且努力弄懂這些東西。兒童被視為他們世界裡的主動行動者。

Schwartzman（1978, 1995）主張，這些譬喻必須連結到田野工作者所採取的理論立場，並且這些終極地影響到田野工作者看待與書寫兒童文化的方式。相似地，Sutton-Smith（引自Brown, 1995, p. 36）提到西方對童年的譬喻（例如神的孩子、未來的孩子與想像中的孩子），也引發了關於童年的不同觀點，以及該如何解釋童年。

一個人的研究導向通常也引導了田野工作過程的方向。人類學家、社會學家、心理學家、教育學家、語言學家、健康專家，以及其他相關人士，全都參與在兒童的質性研究裡。然而，每一個學門的人都被訓練從特定擅長的觀點來解釋行為與經驗。這些比較擅長的觀點有時在不同的學門之間相互交疊，有時則彼此不同。

甚至在相同的學門內，對於兒童行為的解釋也會發生彼此互不認同。臨床心理學家與進化論的心理學家，很確定的是他們對於「為什麼兒童會哭」這件事，抱持不同的觀點。相似地，心理人類學家與體質人類學家彼此不同意對於兒童遊戲行為的解釋，前者強調在解釋兒童行為時的文化角色；相較之下，後者觀察兒童的行為是從動物行為學的觀點。在每一種研究裡，任何解釋都反映出研究者所受的訓練。

第六章
結論

對於田野工作反省本質的貢獻者（如Bell et al., 1993; Kleinman & Copp, 1993; Kulick & Wilson, 1995）分享共同的主題，也就是他們認知到，田野工作並不是發生在真空的狀態。相反地，田野工作是一種解釋的過程，受到許多因素引導，像是田野工作者的個人特質、研究定位，以及理論觀點（如Agar, 1986 / 1995; Allum, 1991; Bell et al., 1993; Bishop, 1991; Van Maanen, 1988, 1995）。

在這本作品裡，我企圖證明田野工作者的個人特質（像是性別與種族），扮演著引導與協助兒童田野工作過程的角色。這些因素在解釋過程中的意義，已經在針對成人社群的研究中獲得了證實（如Bell et al., 1993; Warren, 1988; Whitehead & Conaway, 1986; D. Wolf, 1996a）。然而，這樣的議題在兒童的田野工作過程裡卻很少被探索。

性別是一個分類上的建構，兒童（以及成人）通常使用這樣的建構來理解他們的社交世界。舉例來說，要與兒童及學校教職員建立關係時，田野工作者的性別影響了人際之間的動力。透過田野工作者角色的協商與再協商，與兒童的田野關係也持續地改變

（Warren, 1988），且田野工作者的性別影響了他／她與兒童建立和諧一致的關係。有些兒童將女性田野工作者視為撫育者，因為她享有母親這個類別的性別身分。因為母親是女性且具有養育的性質，這些特質延伸至女性田野工作者身上，當兒童需要安慰時，女性田野工作者有時是可以親近的對象。因此，她能與兒童在不同的脈絡與研究角色裡，建立信任的關係（例如像朋友、同學，以及有教養的成人）。田野工作者性別的每一次建構與再建構，是受到與兒童互動的脈絡化面向所支配。

有些兒童對男性田野工作者的認知與分類，並不會強調撫育的特質，且兒童並不會向男性田野工作者尋求安慰。男性田野工作者能利用展示撫育的行為以及他們自己的互動風格，來擴展他們與兒童互動的脈絡。

田野工作者的性別也在其他方式上影響了田野工作的過程。舉例來說，縱然教學是個主要由女性所主宰的職業，在這個場域裡，男性與女性所占據的位置有著清楚的區分。男性典型地握有行政的位置，然而女性通常是教低年級的兒童（Allan, 1993; Kauppinen-Toropainen & Lammi, 1993）。這樣的勞動區分影響了田野工作者想要與學校所建立的關係。例如在Norris Johnson（1986）第一次拜訪小學的時候，他經驗到來自與女性教師的摩擦。女性教師把他與校長及男性行政的權力連結起來，單純只因為Johnson與校長共同享有相同的性別身分。作為一位女性田野工作者，我與研究裡的女性教師共享著性別的身分、職業的經驗，以及特定的生命經驗。這些連結幫助我與這些老師建立和諧一致的關係，她們對於讓田野工作者能夠追求他／她的目標而言是不可缺少的。這樣的說法也適用於男性田野工作者與男性教師所建立的關係。

性別也影響了一個人在學校中自由移動的能力，以及抑制或限制了與兒童的互動。在學校這個地點裡，女性所執行的合理角色是老師、職員，或某個孩子的媽媽。因為我是個女性，有著與學校裡女性相仿的年齡，學校裡的教職員與其他到訪的成人（他們並未與我有任何接觸）假定我必須執行上述所提到的角色之一。

在學校區域裡無限制的穿梭，對於男性田野工作者而言並不是那麼容易達成。幼童的老師通常不是男性（Cohen, 1990; Kauppinen-Toropainen & Lammi, 1993），而且他們的出現不太容易解釋，因為美國的父親在學校上課期間，不太經常到校看他們的孩子。

性別也影響了什麼樣的文化現象將被觀察、資料要如何蒐集，以及兒童的行為如何被解釋。男性與女性的田野工作者選擇性地參與在相同文化裡的不同面向，這樣的看法已經在成人社群的研究裡很清楚地提出了相關的證明（如Dwyer, 1978; Dwyer, 1982; Murphy & Murphy, 1974, 1985）。當觀察兒童文化時，這樣的原則也在運作著。

成人男性與女性田野工作者，其童年的社會化經驗，影響了他們參與什麼樣的兒童行為，以及他們如何解釋這樣的行為。研究者認為打鬥的遊戲跨文化性地是個男孩的主宰領域，並且這顯然是男性研究者關注的主題（如Goldstein, 1996; Pellegrini, 1996）。就像女性田野工作者並不會把焦點放在這樣的行為，這是由於在兒童時期沒有適當的遊戲經驗、在文化的薰陶認為打鬥遊戲對女孩而言並不適當，以及並沒有欲望參與或觀察兒童文化的這個面向。Connor（1989）很清楚地支持這個想法：男性與女性（以及兒童）對於打鬥遊戲這件事的解釋是不同的。婦女傾向解釋打鬥遊戲為真實性的攻擊，然而男性基於他們先前的遊戲經驗，並不會有這樣的想法與舉動。先前的遊戲經驗顯示，它決定了一個人是否可以區辨嬉戲與真實的攻擊。

如同性別可以連結到社會化的經驗，性別也影響了田野工作者參與兒童文化中的能力。兼具兩性特質而從事兒童研究的田野工作者，所具有獨特的優勢是超乎陽剛與陰柔的刻板印象。我能夠參與範圍很廣的活動裡，這是由於我在兒童時代的遊戲經驗。我對於男孩與女孩的遊戲活動都同樣熟悉和自在，並且成為他們想要的玩伴，部分是因為我對於遊戲能夠勝任。男性田野工作者在兒童時代被極度地社會化於性別分化的行為（如Robinson & Morris, 1986; Tracy, 1987），或許沒有與異性的遊戲經驗，特別是需要久坐的假裝遊戲，像是扮家家酒、照顧娃娃之類的遊戲。要整合至這樣的遊戲活動或許是困難的，而田野工作者可能會選擇不去研究這類活動。這樣的處境同等於女性田野工作者在研究打鬥遊戲時的困難。在田野工作之前，有些女性田野工作者希望能夠更熟識或更體驗到肢體類的遊戲；相較之下，有些男性田野工作者也希望可以參與或體驗女孩的假裝遊戲。

性別也影響了資料蒐集的方法與對兒童行為的解釋，然而，我並不相信男性與女性民族誌學者所著手的研究方式是關聯至男女性之間與生俱來的差別。相反地，我相信的是，男性與女性不同的社會化經驗，這能夠說明在田野工作過程中提出來的不同觀點（如Brofenbrenner, 1979b, 1986, 1989）。

舉例來說，似乎很有可能的是，女性研究者比起男性研究者而言，比較通達於個別差異與個體之間的變異（Fedigan & Fedigan, 1989）。我並不相信這是由於女性天生對於枝微末節的敏感，但這是社會化經驗的結果。女性被社會化參與在二元的關係，然而男性的社會化經驗所強調的是團體（如Collins, 1984; Maccoby, 1990）。因此，似乎合乎邏輯的是，女性研究者比較強調個體與個體之間的差異。

社會化的經驗提供這樣的解釋：為什麼女性田野工作者傾向把焦點集中在特定的關係與社會的連結，而非專門集中在個體。Stack（1974）與Liebow（1967）均是研究非裔美籍的社群，但是在這論點上有著不同的觀點。Stack所進行的非裔美籍家庭的民族誌研究裡，透過在社群裡的主體感受，揭露了雄厚的社會網絡與家庭連結。相較之下，Liebow集中在男性所占據的街角，只花了極小的關切於存在他們生活中的其他關係。

在與成人互動的過程裡，田野工作者種族性的影響已被揭露出來（如Bell et al., 1993; Pederson, 1993; Van Maanen, 1995）。田野工作者帶著他們自己對行為的事先預設與認知類別進入田野，這關係到田野的過程。然而，這個議題不該被化約為外在者與內在者的討論。我同意多數研究者的看法，我相信田野工作者的種族性不會排除他／她的能力去產生對團體的適切解釋。相反地，田野工作者應該理解到他們的文化傳承之特定面向，會外顯或內隱地引導他們如何著手解釋的過程。

田野工作者的種族性影響了兒童田野工作過程裡的許多面向。首先，兒童與童年的概念是一種本位的建構，並且這樣的概念影響了研究者觀看的方式與對兒童行為的解釋，以及和他們的互動方式。因此，來自不同文化背景的田野工作者，帶著對兒童與其行為的不同事先預設而進入田野工作中，這在田野工作的解釋階段起了作用。

第二，文化的意識型態（例如鉅觀體系的面向），在田野過程的特定面向中發揮了影響力。假若某個人要使用集體主義－個體主義這組對比來分類社會的話，美國文化是屬於個體主義的社會。在我們（美國）社會裡的核心價值是成就、自由、競爭力、自我表達與獨立（如Engel, 1988; Triandis et al., 1988）。個體的追求優先於這個團體。來自於個體主義文化的田野工作者，比較傾向把焦點放在兒童人際間的互動，而不是團體的結構。相反地，田野工作者成長於集體主義的意識型態中，會比較參與在團體裡，而且不納入個別兒童的經驗。

在美國的文化差異，已經成為進行兒童田野工作時的一個因素。美國的田野工作者主要在西方的學校裡獲取訓練，並且採取西方理論中比較擅長的論點。歐裔美籍中產階級的價值，如果要延展至所有美國種族弱勢團體裡，那就是有問題的。縱然這些團體享有主流的美國價值，他們同時也傳遞獨特的文化實行給他們的孩子（Julian & McKenry, 1994）。考慮到非裔美籍兒童的狀態，他們經歷二元的社會化過程，以致他們能夠在自己與主流的文化裡運作（Hale, 1986; Logan, 1996）。

歐裔美國人與來自其他文化的田野工作者，或許不太熟悉非裔美國人溝通風格的微妙差異，並因此錯誤地解釋兒童的行為。舉例來說，以團體的形式訪談非裔美籍兒童，與在非裔美籍社群裡所強調的社會互動可以相互搭配。這樣的知識是有幫助的，因為這幫助研究者選擇的方法論可以適合兒童的經驗。此外，特定非口語的溝通型態，在非裔美國人的文化裡非常獨特，且這樣的溝通型態沒有與歐裔美國人的文化分享。這樣的型態比起語言來說更難學到，並且這是過去研究者所忽略的地方。

有一個例子是與外團分子的眼神接觸。有一些非裔美籍兒童被社會化，不要與權威人士有直接的眼神接觸。沒有和兒童有相同種族傳承的老師，通常解釋這樣的行為是一種不注意的信號。其他的例子包括對兒童大肢體活動的錯誤解釋、對老師紀律風格的回應，以及對子女教養的行為。這樣的知識對田野工作者而言是有幫助的，因為這幫助他們解釋兒童的經驗。

來自東印度文化的例子，像是家庭的結構與親子遊戲的互動，闡明了一個人所成長的文化如何影響到兒童的田野工作。舉例來說，東方印度人在大家庭之內兒童社會化的實行，說明了應用本位的概念來觀察其他文化裡的行為時的困難。美國與在其他社會長大的田野工作者，核心家庭是他們社會的常態時，他們可能會忽略其他個體的重要性，這些個體對兒童進行社會化的行為。

同樣地，來自日本文化的例子闡明了文化的信念與兒童的本位概念，如何引導著日本的田野工作者看待不同文化之下的兒童行為。這些信念包括集體主義的信念、在成人與兒童之間的日本式互動類型，以及兒童被視為神聖的理念。文化上特定的成人與兒童的互動風格，影響到田野工作者與兒童建立和諧一致關係的成功與否。

日本的成人通常不會對孩子揭露其情緒。更重要的是，在兒童面前，成人並不會展示任何真實的情緒。這樣的習慣遮蔽了田野工作者於兒童所建立的和諧一致關係。美國的兒童通常用臉部表情與情緒的表達，來評估這個人是個好人還是個卑鄙的人。在孩子面前疏忽了情緒的顯露，會影響田野工作者與兒童建立田野關係的能力。

有一些文化的實行也會幫助兒童田野工作的進行。像是日本成人所使用的稱呼就是一個例子。他們稱呼另一半為媽媽或爸爸——

特別是孩子在場的時候。這些稱呼強調了兒童在田野關係裡處於優勢的地位（Chen, 1996）。這強調了從兒童的觀點來檢視世界，乃是日本社會化的標記，且田野工作者的目標是想要從兒童觀點來了解兒童文化。這對比於西方的社會，成人彼此稱呼名字，而不是社會的類目（像是爸爸、媽媽）。

某個人的微觀系統也影響了一個人如何認知與解釋兒童的行為。舉例來說，在當代或後現代家庭裡長大的美國田野工作者，帶著不同於兒童的事先預設與童年的想法，進入田野裡。童年的經驗（就像是在其他的文化裡）也與其他種種因素糾結在一起，像是宗教信念與社經地位。因此，美國的意識型態通常關聯至主流、中產階級的美國價值，甚至個別的美國兒童有著不同的童年經驗（Hunt & Prout, 1990a, 1990b）。

此外，微觀體系與鉅觀體系並不會運作成分離的實體。相反地，每一層次交融至其他層次，且在二者之間有著交互性的影響與互動。

這本書初步探索了研究者的個人特質如何影響了與兒童的田野過程。很確定的是，並不是所有的議題都已在此討論，且有些討論的議題只是非常表面。我希望這本書能夠激起這些議題的討論，並且鼓勵從事兒童（與成人）研究的田野工作者能夠探詢影響田野過程的因素。

參考文獻

Abramson, A. (1993). Between autobiography and method: Being male, seeing myth and the analysis of structures of gender and sexuality in the eastern interior of Fiji. In D. Bell, P. Caplan, & W. Karim (Eds.), *Gendered fields: Women, men and ethnography* (pp. 63-77). London: Routledge.

Abu-Lughod, L. (1992). *Writing women's worlds.* Berkeley, CA: University of California Press.

Agar, M. (1973). *Ripping and running: A formal ethnography of urban heroin addicts.* New York: Seminar.

Agar, M. (1980). *The professional stranger.* New York: Holt, Rinehart & Winston.

Agar, M. (1995). *Speaking of ethnography* (Qualitative Research Methods Series Vol. 2, 8th ed.). Newbury Park, CA: Sage. (Original work published in 1986)

Ahmed, M. (1983). Important questions on non-formal education. *Perspectives, 13,* 37-47.

Alasuutari, P. (1995). *Researching culture: Qualitative method and cultural studies.* Newbury Park, CA: Sage.

Allan, J. (1993). Male elementary teachers: Experiences and perspectives. In C. Williams (Ed.), *Doing "women's work": Men in nontraditional occupations* (pp. 113-127). Newbury Park, CA: Sage.

Allen, R. (1991). *Singing in the spirit.* Philadelphia: University of Pennsylvania Press.

Allum, K. (1991). *On conducting educational research in the field: The evolution on an ethnographic experience from passive to active to participant observation.* (ERIC Document Reproduction Service No. ED 334224)

Almquist, B. (1989). Age and gender differences in children's Christmas requests. *Play & Culture, 2,* 2-19.

Ambert, A. (1994). A qualitative study of peer abuse and its effects: Theoretical and empirical implications. *Journal of Marriage and Family, 56,* 119-131.

Andereck, M. (1992). *Ethnic awareness and the school* (Series on Race and Ethnic Relations, Vol. 5). Newbury Park, CA: Sage.

Anderson, C. (1981). Parent-child relationships: A context for reciprocal developmental influence. *Counselling Psychologist, 9,* 35-44.

Aptekar, L. (1988). *Street children of Cali.* Durham, NC: Duke University Press.

Argyle, M., & Henderson, M. (1984). The rules of friendship. *Journal of Personal and Social Relationships, 1,* 211-237.

Aries, P. (1962). *Centuries of childhood: A social history of family life.* New York: Vintage.

Asher, S., & Gottman, J. (Eds.). (1981). *The development of children's friendships.* Cambridge, UK: Cambridge University Press.

Ashby, L. (1985). Partial promises and semi-visible youths: The Depression and World War II. In J. Hawes & N. Hiner (Eds.), *American childhood: A research guide and historical handbook* (pp. 489-532). Westport, CT: Greenwood.

Axinn, W. (1991). The influence of interviewer sex on response to sensitive questions in Nepal. *Social Science Research, 20,* 303-318.

Azuma, H. (1986). Why study child development in Japan. In H. Stevenson, H. Azuma, & H. Hakuta (Eds.), *Child development and education in Japan* (pp. 3-12). New York: Freeman.

Back, L. (1993). Masculinity and fieldwork in a south London adolescent community. In D. Bell, P. Caplan, & W. Karim (Eds.), *Gendered fields: Women, men & ethnography* (pp. 215-233). London: Routledge.

Bandura, A. (1977). *Social learning theory.* Englewood Cliffs, NJ: Prentice Hall.

Barth, F. (1992, November). *Ethnic groups and boundaries: The social organization of cultural difference.* Lecture delivered at the 90th annual meeting of the American Anthropological Association, Chicago.

Bateson, G. (1956). *Steps to an ecology of mind.* New York: Penguin.

Beales, R. (1985). The child in seventeenth-century America. In J. Hawes & N. Hiner (Eds.), *American childhood: A research guide and historical handbook* (pp. 15-54). Westport, CT: Greenwood.

Befu, H. (1986). The social and cultural background of child development in Japan and the United States. In H. Stevenson, H. Azuma, & K. Hakuta (Eds.), *Child development and education in Japan* (pp. 28-38). New York: Freeman.

Bell, D. (1993). Introduction 1: The context. In D. Bell, P. Caplan, & W. Karim (Eds.), *Gendered fields: Women, men & ethnography* (pp. 1-18). London: Routledge.

Bell, D., Caplan, P., & Karim, W. (Eds.). (1993). *Gendered fields: Women, men & ethnography.* London: Routledge.

Bem, S. (1981). Gender schema theory: A cognitive account of sex typing. *Psychological Review, 88,* 354-364.

Bem, S. (1983). Gender schema theory and its implications for child development: Raising gender-aschematic children in a gender-schematic society. *Signs, 8,* 598-616.

Bem, S. (1985). Androgyny and gender schema theory: A conceptual and empirical integration. In T. Sonderegger (Ed.), *Nebraska symposium on motivation, 1984: Psychology and gender.* Lincoln: University of Nebraska Press.

Bem, S. (1993). *The lenses of gender.* Cambridge, MA: Harvard University Press.

Benedict, R. (1934). *Patterns of culture.* New York: Mentor.

Beoku-Betts, J. (1994). When black is not enough: Doing field research among Gullah women. *NWSA Journal, 6,* 413-433.

Berger, R. (1993). From text to (field)work and back again: Theorizing a post(modern) ethnography. *Anthropological Quarterly, 66,* 174-186.

Berik, G. (1996). Understanding the gender system in Turkey: Fieldwork dilemmas of conformity and intervention. In D. Wolf (Ed.), *Feminist dilemmas in fieldwork* (pp. 56-71). Boulder, CO: Westview.

Bernard, H. (1994). *Research methods in anthropology.* Thousand Oaks, CA: Sage.

Bernheimer, L. (1986). The use of qualitative methodology in child health research. *Children's Health Care, 14,* 224-232.

Berrol, S. (1985). Ethnicity and American children. In J. Hawes & N. Hiner (Eds.), *American childhood: A research guide and historical handbook* (pp. 343-376). Westport, CT: Greenwood.

Billingsly, A. (1992). *Climbing Jacob's ladder: The enduring legacy of African-American families.* New York: Simon & Schuster.

Birth, K. (1990). The reading and writing of ethnographies. *American Ethnologist, 17,* 549-557.

Bishop, W. (1991). *Reliable and valid stories?—Turning ethnographic data into narratives.* (ERIC Document Reproduction Service No. ED 331048)

Bleier, R. (1984). *Science and gender: A critique of biology and its theories on women.* New York: Pergamon.

Block, J. (1983). Differential premises arising from differential socialization of the sexes: Some conjectures. *Child Development, 54,* 1335-1354.

Boros, A. (1988). Being subjective as a sociologist. *Journal of Applied Sociology, 5,* 15-31.

Boxwell, D. (1992). "Sis Cat" as ethnographer: Self-presentation and self-inscription in Zora Neale Hurston's "Mules and Men." *African American Review, 26,* 605-618.

Boyden, J. (1990). Childhood and the policy makers: A comparative perspective on the globalization of childhood. In A. Hunt & J. Prout (Eds.), *Constructing and reconstructing childhood* (pp. 184-215). Bristol, PA: Falmer.

Bredekamp, S. (Ed.). (1987). *Developmentally appropriate practice in early childhood programs serving children from birth through age eight.* Washington, DC: National Association for the Education of Young Children.

Bredekamp, S., & Rosegrant, T. (Eds.). (1992). *Reaching potentials: Appropriate curriculum and assessment for young children.* Washington, DC: National Association for the Education of Young Children.

Briggs, J. (1986). Kapluna daughter. In P. Golde (Ed.), *Women in the field: Anthropological experiences* (pp. 19-46). Berkeley: University of California Press.

Bronfenbrenner, U. (1979a). Contexts of child rearing: Problems and prospects. *American Psychologist, 34,* 844-850.

Bronfenbrenner, U. (1979b). *The ecology of human development.* Cambridge, MA: Harvard University Press.

Bronfenbrenner, U. (1986). Ecology of the family as a context for human development: Research perspectives. *Developmental Psychology, 22,* 723-742.

Bronfenbrenner, U. (1989). Ecological systems theory. In R. Vasta (Ed.), *Annals of child development* (Vol. 6) pp. 187-251. Greenwich, CT: JAI.

Brown, S. (1995). Concepts of childhood and play: An interview with Brian Sutton-Smith. *ReVision, 17,* 35-43.

Bryan, J. (1975). Children's cooperation and helping behaviors. In E. Hetherington (Ed.), *Review of child development research* (Vol. 5, pp. 127-181). Chicago: University of Chicago Press.

Butler, B., & Turner, D. (1987). *Children and anthropological research.* New York: Plenum.

Caldera, Y., Huston, A., & O'Brien, M. (1989). Social interactions and actions and play patterns of parents and toddlers with feminine masculine and neutral toys. *Child Development, 60,* 70-76.

Cassell, J. (1987). *Children in the field.* Philadelphia: Temple University Press.

Chafe, W. (1992). Women and American society. In L. Luedtke (Ed.), *Making America: The society and culture of the United States* (pp. 327-340). Chapel Hill: University of North Carolina Press.

Chagnon, N. (1977). *Yanomamo: The fierce people.* New York: Holt, Rinehart & Winston.

Chen, S. (1996). Positive childishness: Images of childhood in Japan. In C. Hwang, M. Lamb, & I. Sigel (Eds.), *Images of childhood* (pp. 113-127). Mahwah, NJ: Lawrence Erlbaum.

Chick, G., & Barnett, L. (1995). Children's play and adult leisure. In A. Pellegrini (Ed.), *The future of play theory* (pp. 45-72). Albany: State University of New York Press.

Clark, A., Hocevar, D., & Dembo, M. (1980). The role of cognitive development in children's preferences for skin color. *Developmental Psychology, 16,* 332-339.

Clifford, G. (1989). Man/woman/teacher: Gender, family, and career in American educational history. In D. Warren (Ed.), *American teachers: Histories of a profession at work* (pp. 293-343). New York: Macmillan.

Clifford, J. (1983). On ethnographic authority. *Representations, 1,* 118-146.

Clifford, J. (1988). *The predicament of culture.* Cambridge, MA: Harvard University Press.

Codere, H. (1986). Fieldwork in Rwanda, (1959-1960). In P. Golde (Ed.), *Women in the field: Anthropological experiences* (pp. 143-164). Berkeley: University of California Press.

Cohen, D. (1990, September 19). Early childhood educators bemoan the scarcity of males in teaching. *Education Week,* pp. 12-13.

Coleman, J. (1961). *The adolescent society.* New York: Free Press.

Collins, W. (1984). *Development during middle childhood: The years from six to twelve.* Washington, DC: National Academy Press.

Connor, K. (1989). Aggression: Is it in the eye of the beholder? *Play & Culture, 2,* 213-217.

Corenblum, B., & Wilson, A. (1982). Ethnic preference and identification among Canadian Indian and white children: Replication and extension. *Canadian Journal of Behavioral Science, 14,* 50-59.

Corsaro, W. (1985). *Friendship and peer culture in the early years.* Norwood, NJ: Ablex.

Corsaro, W., & Eder, D. (1990). Children's peer cultures. *Annual Review of Sociology, 16*, 197-220.

Corsino, L. (1987). Fieldworker blues: Emotional stress and research under-involvement in fieldwork settings. *The Social Science Journal, 24*, 275-285.

Cunningham, B. (1992a). "I want to be a teacher, so now what do I do?" In B. Nelson & B. Sheppard (Eds.), *Men in child care and early education: A handbook for administrators and educators.* Stillwater, MN: Nu ink Press.

Cunningham, B. (1992b). Portraying fathers and other men in the curriculum. *Young Children, 49*, 4-13.

Dahawy, B. (1993). *Preschool education in Egypt, Oman, and Japan: A comparative perspective.* (ERIC Document Reproduction Service No. ED 360224)

Daly, A. (1992). The fit between qualitative research and characteristics of families. In J. Gilgun, K. Daly, & G. Handel (Eds.), *Qualitative methods in family research* (pp. 3-11). Newbury Park, CA: Sage.

Davies, L. (1994). *Qualitative approaches in educational research.* Birmingham, AL: University of Birmingham, School of Education.

Davis, D. (1986). Changing self-image: Studying menopausal women in a Newfoundland fishing village. In T. Whitehead & M. Conaway (Eds.), *Self, sex, and gender in cross-cultural fieldwork* (pp. 240-261). Urbana: University of Illinois Press.

Day, B. (1988). What's happening in early childhood programs across the United States? In C. Warger (Ed.), *A resource guide to public school early childhood programs* (pp. 3-31). Alexandria, VA: Association for Supervision and Curriculum Development.

Deal, T., & Peterson, K. (1990). *The principal's role in shaping school culture.* Washington, DC: Department of Education, Office of Educational Research and Improvement.

Delamont, S. (1991). *Fieldwork in educational settings: Methods, pitfalls, and perspectives.* New York: Falmer.

Denby, R. & Alford, K. (1996). Understanding African American discipline styles: Suggestions for effective social work intervention. *Journal of Multicultural Social Work, 4*, 81-98.

Denzin, N. (1996). *Interpretive ethnography.* Thousand Oaks, CA: Sage.

Denzin, N., & Lincoln, Y. (1994). *Handbook of qualitative research.* Thousand Oaks, CA: Sage.

DePietro, J. (1981). Rough-and-tumble play: A function of gender. *Developmental Psychology, 17*, 50-58.

Dion, K., & Dion, K. (1993). Individualistic and collectivist perspectives on gender and the cultural context of love and intimacy. *Journal of Social Issues, 49*, 53-69.

Divale, W. (1976). Female status and cultural evolution: A study in ethnographer bias. *Behavior Science Research, 11*, 169-212.

Dougherty, J. (1985). *Directions in cognitive anthropology.* Chicago: University of Illinois Press.

Draper, H. (1988). *Studying children: Observing and participating.* Mission Hills, CA: Glencoe.

Draper, T., & Gordon, T. (1984). Ichabod Crane in day care: Prospective child care professionals' concerns about male caregivers. *Academic Psychology Bulletin, 6*, 301-308.

Durodoye, B. (1995). Learning styles and the African American student. *Education, 116*, 241-248.

Dwyer, D. (1978). *Images and self images: Male and female in Morocco.* New York: Columbia University Press.

Dwyer, K. (1982). *Moroccan dialogues: Anthropology in question.* Baltimore: Johns Hopkins University Press.

Egertson, H. (1987, May 20). Recapturing kindergarten for 5-year-olds. *Education Week*, pp. 19, 28.

Eisenberg, N. (1983). Sex-typed toys choices: What do they signify? In M. Liss (Ed.), *Social and cognitive skills: Sex roles and children's play* (pp. 45-70). New York: Academic Press.

Eisenberg, N., Murray, E., & Hite, T. (1982). Children's reasoning regarding sex-typed toy choices. *Child Development, 53,* 81-86.

Eisenberg, N., Wolchik, S., Hernandez, R., & Pasternak, J. (1985). Parental socialization of young children's play. *Child Development, 56,* 1506-1513.

Elkind, D. (1981). *The hurried child.* Reading, MA: Addison-Wesley.

Elkind, D. (1987). *Miseducation: Preschoolers at risk.* New York: Knopf.

Elkind, D. (1995). The young child in the postmodern world. *Dimensions of Early Childhood, Spring, 23*(3), 6-9, 39.

Ellis, C. (1995). Emotional and ethical quagmires in returning to the field. *Journal of Contemporary Ethnography, 24,* 68-98.

Ember, C. (1994). Improvements in cross-cultural research methods. *Cross-Cultural Research, 28,* 364-370.

Ember, C. (Ed.) (1995). *Cross-cultural methods for social science.* New Jersey: Prentice Hall.

Ember, C., & Ember, M. (1988). *Anthropology* (5th ed.). Englewood Cliffs, NJ: Prentice Hall.

Engel, J. (1988). Work values of American and Japanese men. *Journal of Social Behavior and Personality, 3,* 191-200.

England, K. (1994). Getting personal: Reflexivity, positionality, and feminist research. *The Professional Geographer, 46,* 80-89.

Erikson, E. (1963). *Childhood and society.* New York: Norton.

Erikson, E. (1968). *Identity: Youth and crisis.* New York: Norton.

Etaugh, C. (1983). Introduction: The influence of environmental factors on sex differences in children's play. In M. Liss (Ed.), *Social and cognitive skills: Sex roles and children's play.* New York: Academic Press.

Fagot, B., Hagan, R., Leinbach, M., & Kronsberg, S. (1985). Differential reactions to assertive and communicative acts of toddler boys and girls. *Child Development, 56,* 1499-1505.

Faller, K., & Everson, M. (1996). Introduction to child interviewing, Part 2. *Child Maltreatment, 1,* 187-189.

Fedigan, L., & Fedigan, L. (1989). Gender and the study of primates. In S. Morgen (Ed.), *Gender and anthropology* (pp. 41-64). Washington, DC: American Anthropological Association.

Fee, E. (1986). Critiques of modern science: The relationship of feminism to other radical epistemologies. In R. Bleier (Ed.), *Feminist approaches to science* (pp. 42-56). New York: Pergamon.

Fetterman, D. (1989). *Ethnography: Step by step.* Newbury Park, CA: Sage.

Finch, J. (1984). It's great to have someone to talk to: The ethics and politics of interviewing women. In C. Bell & H. Roberts (Eds.), *Social researching—Politics, problems, and practice.* London: Routledge & Kegan Paul.

Fine, G. (1987). *With the boys: Little League baseball and preadolescent culture.* Chicago, IL: Chicago University Press.

Fine, G., & Sandstrom, S. (1988). *Knowing children: Participant observation with minors.* Newbury Park, CA: Sage.

Finkelstein, B. (1985). Casting networks of good influence: The reconstruction of childhood in the United States, 1790-1870. In J. Hawes & N. Hiner (Eds.), *American childhood: A research guide and historical handbook* (pp. 111-152). Westport, CT: Greenwood.

Fischer, A. (1986). Field work in five cultures. In P. Golde (Ed.), *Women in the field: Anthropological experiences* (pp. 267-289). Berkeley: University of California Press.

Fiske, S. (1988). *Self, sex, and gender in cross-cultural fieldwork.* Chicago: University of Illinois Press.

Fossey, D. (1983). *Gorillas in the mist.* Boston: Houghton Mifflin.

Franklin, J. (1988). A historical note on black families. In H. McAdoo (Ed.), *Black families* (pp. 23-26). Newbury Park, CA: Sage.

Freud, S. (1900). The interpretation of dreams. *Collected works* (Vol. 4). London: Hogarth.

Freud, S. (1905). Three essays on the theory of sexuality. *Collected works* (Vol. 7). London: Hogarth.

Friedl, E. (1986). Field work in a Greek village. In P. Golde (Ed.), *Women in the field: Anthropological experiences* (pp. 195-236). Berkeley: University of California Press.

Fry, D. (1990). Play aggression among Zapotec children: Implications for the practice hypothesis. *Aggressive Behavior, 16*, 321-340.

Gambell, T. (1995). Ethnography as veneration. *Alberta Journal of Educational Research, 41*, 162-174.

Garbarino, J. (1978, August). The impact of social change on children and youth. *Vital Issues, 27*, 57-74.

Garbarino, J. (1986). Can American families afford the luxury of childhood? *Child Welfare, 65*, 119-128.

Gardner, H. (1987). *The mind's new science: A history of the cognitive revolution.* Cambridge, MA: Harvard University Press.

Gardner, H. (1993). *Frames of mind: A theory of multiple intelligences* (10th ed.). Cambridge, MA: Harvard University Press.

Gee, J. (1989). The narrativization of experience in the oral style. *Journal of Education, 171*, 75-96.

Geiger, S. (1990). What's so feminist about doing women's oral history. *Journal of Women's History, 2*, 169-182.

Gelb, S., & Bishop, K. (1992). Contested terrain: Early childhood education in the United States. In G. Woodill, J. Bernhard, & L. Prochner (Eds.), *International handbook of early childhood education* (pp. 503-528). New York: Garland.

Gesell, A., & Ilg, F. (1946). *The child from five to ten.* New York: Harper & Row

Gilligan, C. (1982). *In a different voice: Psychological theory and women's development.* Cambridge, MA: Harvard University Press.

Gilmore, D. (1991). Subjectivity and subjugation: Fieldwork in the stratified community. *Human Organization, 50*, 215-224.

Goffman, E. (1961). *Asylums: Essays on the social situation of mental patients and other inmates.* Garden City, NY: Anchor.

Golde, P. (1986). *Women in the field: Anthropological experiences* (2nd ed.). Chicago: Aldine.

Goldstein, J. (1996). Aggressive toy play. In A. Pellegrini (Ed.), *The future of play theory: A multidisciplinary inquiry into the contributions of Brian Sutton-Smith* (pp. 127-150). Albany: State University of New York Press.

Gonzalez, N. (1986). The anthropologist as female head of household. In T. Whitehead & M. Conaway (Eds.), *Self, sex, and gender in cross-cultural fieldwork* (pp. 84-100). Urbana: University of Illinois Press.

Goodall, J. (1986). *The chimpanzees of Gombe: Patterns of behavior.* Cambridge, MA: Belknap.

Goodenough, W. (1956). Residence rules. *Southwestern Journal of Anthropology, 12*, 22-37.

Goodenough, W. (1957). Cultural anthropology and linguistics. In P. Garvin (Ed.), *Report of the seventh annual round table meeting on linguistics and language study.* Washington, DC: Georgetown University.

Goodlad, J. (1984). *A place called school: Prospects for the future.* New York: McGraw-Hill.

Goodman, J. (1992). *Elementary schooling for critical democracy.* Albany: State University of New York Press.

Goodwin, M. (1990). *He-said-she-said: Talk as social organization among black children.* Bloomington: Indiana University Press.

Goodwin, M. (1997). Children's linguistic and social worlds. *Anthropology Newsletter, 38*, 1-5.

Granucci, P. (1990). Kindergarten teachers: Working through our identity crisis. *Young Children, 45*, 6-11.

Graue, M., & Walsh, D. (1998).*Studying Children in context: Theories, methods, and ethics.* Thousand Oaks, CA: Sage.

Greenstock, J., & Pipe, M. (1996). Interviewing children about past events: The influence of peer support and misleading questions. *Child Abuse and Neglect, 20*, 69-80.

Groos, K. (1901). *The play of man.* New York: Appleton.

Guerra, M. (1989). Verbal swaggering: Lunchtime grotesqueries in the child care center. *Play & Culture, 2*, 197-202.

Hale, J. (1986). *Black children: Their roots, culture and learning styles.* Baltimore: Johns Hopkins University Press.

Hale, J. (1991). The transmission of cultural values to young African American children. *Young Children, 46,* 7-15.

Hall, A., & Lin, M. (1995). Theory and practice of children's rights: Implications for mental health counselors. *Journal of Mental Health Counseling, 17,* 63-80.

Hareven, T. (1992). Continuity and change in American family life. In L. Luedtke (Ed.), *Making America: The society and culture of the United States* (pp. 308-327). Chapel Hill: University of North Carolina Press.

Harkness, S. (1996). Anthropological images of childhood. In C. Hwang, M. Lamb, & I. Sigel (Eds.), *Images of childhood* (pp. 36-46). Mahwah, NJ: Lawrence Erlbaum.

Hastrup, K. (1992). Writing ethnography: State of the art. In J. Okely & H. Callaway (Eds.), *Anthropology and autobiography* (pp. 116-133). New York: Routledge.

Hawes, J., & Hiner, N. (Eds.). (1985). *American childhood: A research guide and historical handbook.* Westport, CT: Greenwood.

Heaton, K. (1983). *A study of rough-and-tumble play and serious aggression in preschool children.* Unpublished bachelor's thesis, University of Sheffield, England.

Heider, K. (1988). The Roshomon effect: When ethnographers disagree. *American Anthropologist, 90,* 73-81.

Helms, J. (1993). I also said, "White racial identity influences white researchers." *The Counseling Psychologist, 21,* 240-243.

Herod, A. (1993). Gender issues in the use of interviewing as a research method. *The Professional Geographer, 45,* 305-317.

Holmes, R. (1991). Categories of play: A kindergartner's view. *Play & Culture, 4,* 43-50.

Holmes, R. (1992). Play during snacktime. *Play & Culture, 5,* 295-304.

Holmes, R. (1995). *How young children perceive race.* Thousand Oaks, CA: Sage.

Hsue, Y. (1995). Developmentally appropriate practice and traditional Taiwanese culture. *Journal of Instructional Psychology, 22*, 320-324.

Hughes, F. (1995). *Children, play and development*. Boston: Allyn & Bacon.

Hunt, A., & Prout, J. (Eds.). (1990a). *Constructing and reconstructing childhood*. Bristol, PA: Falmer.

Hunt, A., & Prout, J. (1990b). Re-presenting childhood: Time and transition in the study of childhood. In A. Hunt & J. Prout (Eds.), *Constructing and reconstructing childhood* (pp. 216-237). Bristol, PA: Falmer.

Hunt, J. (1984). The development of rapport through the negotiation of gender in field work among police. *Human Organization, 43*, 283-296.

Hunt, P., & Frankenberg, R. (1990). It's a small world: Disneyland, the family and the multiple re-representations of American childhood. In A. Hunt & J. Prout (Eds.), *Constructing and reconstructing childhood* (pp. 99-117). Bristol, PA: Falmer.

Huntington, G. (1987). Different apron strings: Children as field assistants. *Human Organization, 46*, 83-85.

Hurtado, H. (1992). Preschool education in Argentina. In G. Woodill, J. Bernhard, & L. Prochner (Eds.), *International handbook of early childhood education* (pp. 39-47). New York: Garland.

Huston, A. (1983). Sex typing. In P. Mussen (Ed.), *Handbook of child psychology* (4th ed., Vol. 4, pp. 387-467). New York: John Wiley.

Hwang, C., Lamb, M., & Sigel, I. (1996). *Images of childhood*. Mahwah, NJ: Lawrence Erlbaum.

Jacklin, C. (1992). *The psychology of gender* (Vols. 1-4). New York: New York University Press.

Johnson, J. (1975). *Doing field research*. London: Free Press.

Johnson, N. (1985). *West Haven*. Chapel Hill: University of North Carolina Press.

Johnson, N. (1986). Ethnographic research and rites of incorporation: A sex- and gender-based comparison. In T. Whitehead & M. Conaway (Eds.), *Self, sex, and gender in cross-cultural fieldwork* (pp. 164-181). Urbana: University of Illinois Press.

Julian, T., & McKenry, P. (1994). Cultural variations in parenting. *Family Relations, 43*, 30-38.

Kagan, J. (1971). *Personality development.* New York: Harcourt Brace.

Kagan, J. (1984). *The nature of the child.* New York: Basic Books.

Kakar, S. (1978). *The inner world: A psycho-analytic study of childhood and society in India.* New Delhi: Oxford University Press.

Kashima, Y., Yamaguchi, S., & Kim, U. (1995). Culture, gender, and self: A perspective from individualism-collectivism research. *Journal of Personality and Social Psychology, 69*, 925-937.

Kauppinen-Toropainen, K., & Lammi, J. (1993). Men in female-dominated occupations: A cross-cultural comparison. In C. Williams (Ed.), *Doing "women's work": Men in nontraditional occupations* (pp. 91-112). Newbury Park, CA: Sage.

Keller, E. (1985). *Reflections on gender and science.* New Haven, CT: Yale University Press.

Keller, E. (1987). The gender/science system: Or, is sex to gender as nature is to science? *Hypatia, 2*, 37-59.

Kelly-Byrne, D. (1989). *A child's play life: An ethnographic study.* New York: Teachers College Press.

Kempton, W. (1981). Category grading and taxonomic relations: A mug is a sort of cup. In R. Casson (Ed.), *Language, culture and cognition: Anthropological perspectives* (pp. 203-229). New York: Macmillan.

Kleinman, S., & Copp, M. (1993). *Emotions and fieldwork* (Qualitative Research Methods Series, Vol. 28). Newbury Park, CA: Sage.

Kohlberg, L. (1966). A cognitive-developmental analysis of children's sex-role concepts and attitudes. In E. Maccoby (Ed.), *The development of sex differences.* Stanford, CA: Stanford University Press.

Kohlberg, L. (1968, April). The child as moral philosopher. *Psychology Today*, 25-30.

Kohlberg, L. (1981). *Essays on moral development.* San Francisco: Harper & Row.

Konner, M. (1991). *Childhood.* Boston: Little, Brown.

Kulick, D. (1995). The sexual life of anthropologists: Erotic subjectivity and ethnographic work. In D. Kulick & M. Wilson (Eds.), *Taboo: Sex, identity and erotic subjectivity in anthropological fieldwork* (pp. 1-28). London: Routledge.

Kulick, D., & Wilson, M. (Eds.). (1995). *Taboo: Sex, identity and erotic subjectivity in anthropological fieldwork.* London: Routledge.

Laing, Z., & Pang, L. (1992). Early childhood education in the Peoples' Republic of China. In G. Woodill, J. Bernhard, & L. Prochner (Eds.), *International handbook of early childhood education* (pp. 169-174). New York: Garland.

Lamb, M. (1981). The development of father-infant relationships. In M. Lamb (Ed.), *The role of the father in child development* (pp. 1-70). New York: John Wiley.

Lamb, M. (1987). Introduction: The emergent father. In M. Lamb (Ed.), *The father's role: Cross-cultural perspectives* (pp. 3-25). Hillsdale, NJ: Lawrence Erlbaum.

Langlois, J., & Downs, A. (1980). Mothers, fathers, and peers as socialization agents of sex-typed play behaviors in young children. *Child Development, 51,* 1217-1247.

Lasater, C., & Johnson, J. (1994). Culture, play, and early childhood education. In J. Roopnarine, J. Johnson, & F. Hooper (Eds.), *Children's play in diverse cultures* (pp. 210-228). Albany: State University of New York Press.

Leavitt, R. (1994). *Power and emotion in infant-toddler day care.* Albany: State University of New York Press.

Lesko, N. (1988). *Symbolizing society: Stories, rites and structure in a Catholic high school.* New York: Falmer.

Lewis, C. (1986). Children's social development in Japan: Research directions. In H. Stevenson, H. Azuma, & K. Hakuta (Eds.), *Child development and education in Japan* (pp. 186-200). New York: Freeman.

Liebow, E. (1967). *Tally's corner: A study of Negro street-corner men.* Boston: Little, Brown.

Loftus, E. (1975). Leading questions and the eyewitness report. *Cognitive Psychology, 7,* 560-572.

Loftus, E. (1991). *Witness for the defense: The accused, the eyewitness, and the expert who puts memory on trial.* New York: St. Martin's.

Loftus, E., & Zanni, G. (1975). Eyewitness testimony: The influence of the wording of a question. *Bulletin of the Psychonomic Society, 5,* 86-88.

Logan, S. (1996). A strength's perspective on black families: Then and now. In S. Logan (Ed.), *The black family* (pp. 8-20). Boulder, CO: Westview .

Lynott, P., & Logue, B. (1993). The "hurried child": The myth of lost childhood in contemporary American society. *Sociological Forum, 8,* 471-491.

Maccoby, E. (1986). Social groupings in childhood: Their relationship to prosocial and antisocial behavior in boys and girls. In D. Olweus, J. Block, & M. Radye-Yarrow (Eds.), *Development of antisocial and prosocial behavior: Research, theory, and issues* (pp. 263-280). New York: Academic Press.

Maccoby, E. (1990). Gender and relationships: A developmental account. *American Psychologist, 45,* 513-520.

Maccoby, E. (1992). The role of parents in the socialization of children: An historical overview. *Developmental Psychology, 28,* 1006-1017.

Maccoby, E., & Jacklin, C. (1974). *The psychology of sex differences.* Palo Alto, CA: Stanford University Press.

Maccoby, E., & Jacklin, C. (1987). Gender segregation in childhood. In H. Reese (Ed.), *Advances in child development and behavior* (Vol. 20, pp. 239-287). Boston: Academic Press.

MacDonald, K. (1993). *Parent-child play: Descriptions and implications.* Albany: State University of New York Press.

Mandell, S. (1988). The least adult role in studying children. *Journal of Contemporary Ethnography, 16,* 433-467.

Mason, J. (1996). *Qualitative researching.* Thousand Oaks, CA: Sage.

McGrew, W. (1972). *An ethological study of children's behavior.* New York: Academic Press.

McKeganey, N., & Bloor, M. (1991). Spotting the invisible man: the influence of male gender on fieldwork relations. *British Journal of Sociology, 42,* 195-210.

McLean, S., Piscitelli, B., Halliwell, G., & Ashby, F. (1992). Australian early childhood education. In G. Woodill, J. Bernhard, & L. Prochner (Eds.), *International handbook of early childhood education* (pp. 49-73). New York: Garland.

Mead, M. (1961). *Coming of age in Samoa* (3rd ed.). New York: Morrow Quill.

Mead, M. (1962). *The school in American culture: The Inglis lecture 1950.* Cambridge, MA: Harvard University Press.

Mead, M. (1986). Field work in Pacific Islands, 1925-1967. In P. Golde (Ed.), *Women in the field: Anthropological experiences* (pp. 293-331). Berkeley: University of California Press.

Mervis, C. (1987). Child basic object categories and early lexical development. In U. Neisser (Ed.), *Concepts and conceptual development: Ecological and intellectual factors in categorization* (pp. 201-233). Cambridge, UK: Cambridge University Press.

Middleton, J. (1970). *From child to adult: Studies in the anthropology of education.* Garden City, NY: Natural History Press.

Morgen, S. (Ed). (1989). *Gender and anthropology: Critical reviews for research and teaching.* Washington, DC: American Anthropological Association.

Murphy, Y., & Murphy, R. (1974). *Women of the forest.* New York: Columbia University Press.

Murphy, Y., & Murphy, R. (1985). *Women of the forest.* New York: Columbia University Press.

Nast, H. (1994). Women in the field: Critical feminist methodologies and theoretical perspectives. *The Professional Geographer, 46*, 54-66.

Nobles, W. (1988). African-American family life: An instrument of culture. In H. McAdoo (Ed.), *Black families* (pp. 44-53). Newbury Park, CA: Sage.

Oakley, A. (1981). Interviewing women: A contradiction in terms. In H. Roberts (Ed.), *Doing feminist research.* London: Routledge Kegan Paul.

Oakley, A. (1994). Women and children first and last: Parallels and differences between children's and women's studies. In B. Mayall (Ed.), *Children's childhoods: Observed and experienced* (pp. 13-32). London: Falmer.

Opie, I., & Opie, P. (1984). *Children's games in street and playground.* Oxford: Oxford University Press.

Orbe, M. (1995). African American communication research: Toward a deeper understanding of interethnic communication. *Western Journal of Communication, 59,* 61-79.

Packard, V. (1983). *Our endangered children: Growing up in a changing world.* Boston: Little, Brown.

Parke, R., & Tinsley, B. (1987). Family interaction in infancy. In J. Osofsky (Ed.), *Handbook of infant development* (2nd ed.). New York: John Wiley.

Pass, C. (1987). Qualitative research will enhance the care of children. *Children's Health Care, 15,* 214-215.

Patton, M. (1990). *Qualitative evaluation and research methods.* Newbury Park, CA: Sage.

Pedersen, P. (1993). The multicultural dilemma of white cross-cultural researchers. *The Counseling Psychologist, 21,* 229-232.

Pellegrini, A. (1985). Social-cognitive aspects of children's play: The effects of age, gender, and activity centers. *Journal of Applied Developmental Psychology, 6,* 129-140.

Pellegrini, A. (1988). Elementary-school children's rough and tumble play and social competence. *Developmental Psychology, 24,* 802-806.

Pellegrini, A. (1989). So, what about recess? *Play & Culture, 2,* 354-356.

Pellegrini, A. (1996). *Observing children in their natural worlds: A methodological primer.* Mahwah, NJ: Lawrence Erlbaum.

Pelto, P., & Pelto, G. (1978). *Anthropological research: The structure of inquiry* (2nd ed.). New York: Cambridge University Press.

Peshkin, A. (1982). The researcher and subjectivity: Reflections on an ethnography of school and community. In G. Spindler (Ed.), *Doing the ethnography of schooling: Educational anthropology in action* (pp. 48-67). New York: Holt, Rinehart & Winston.

Peshkin, A. (1988). In search of subjectivity: One's own. *Educational Researcher, 17*, 17-22.

Peters, M. (1988). Parenting in black families with young children: A historical perspective. In H. McAdoo (Ed.)., *Black families* (pp. 228-241). Newbury Park, CA: Sage.

Piaget, J. (1929). *The child's conception of the world.* New York: Harcourt Brace.

Piaget, J. (1959). *The language and thought of the Child* (M. Gabain, trans.). London: Routledge & Kegan Paul.

Piaget, J. (1963). *The origins of intelligence in children.* New York: Nonon.

Plumbo, M. (1995). Living in two different worlds or living in the world differently. *Journal of Holistic Nursing, 13*, 155-174.

Postman, N. (1982). *The disappearance of childhood.* New York: Delacorte.

Rane, T., & Draper, T. (1995). Negative evaluations of mens' nurturant touching of young children. *Psychological Reports, 7*, 811-818.

Reifel, S. (1986). Play in the elementary school cafeteria. In B. Mergen (Ed.), *Cultural dimensions of play, games, and sport* (pp. 29-36). Champaign, IL: Human Kinetics.

Reinharz, S. (1992). *Feminist methods in social research.* New York: Oxford University Press.

Renshaw, P. (1981). The roots of current peer interaction research: A historical analysis of the 1930s. In S. Asher & J. Gottman (Eds.), *The development of children's friendships* (pp. 1-28). Cambridge, UK: Cambridge University Press.

Rivkin, M. (1995). *The great outdoors: Restoring children's right to play outside.* Washington, DC: National Association for the Education of Young Children.

Rizzo, T. (1989). *Friendship development among children in school.* Norwood, NJ: Ablex.

Robinson, B. (1988). Vanishing breed: Men in child care programs. *Young Children, 43*, 54-58.

Robinson, C., & Morris, J. (1986). The gender stereotyped nature of Christmas toys by 36-, 48-, and 60-month-old children: A comparison between non-requested vs. requested toys. *Sex Roles, 15,* 21-32.

Roopnarine, J., & Hossain, Z. (1992). Parent-child interactions in urban Indian families in New Delhi: Are they changing? In J. Roopnarine & D. Carter (Eds.), *Parent-child socialization in diverse cultures* (pp. 1-16). Norwood, NJ: Ablex.

Roopnarine, J., Hossain, Z., Gill, P., & Brophy, H. (1994). Play in the East Indian context. In J. Roopnarine, J. Johnson, & F. Hooper (Eds.), *Children's play in diverse cultures* (pp. 9-30). Albany: State University of New York Press.

Roopnarine, J., Johnson, J., & Hooper, F. (Eds.). (1994). *Children's play in diverse cultures.* Albany, NY: State University of New York Press.

Roopnarine, J., Talukder, E., Jain, D., Joshi, P., & Srivastav, P. (1990). Characteristics of holding, patterns of play and social behaviors between parents and infants in New Delhi, India. *Developmental Psychology, 26,* 867-873.

Rosaldo, R. (1989). *Culture and truth: The remaking of social analysis.* Boston: Beacon.

Rosch, E. (1973). On the internal structure of perceptual and semantic categories. In T. Moore (Ed.), *Cognitive development and the acquisition of language* (pp. 111-144). New York: Academic Press.

Rowell, T. (1984). Introduction to section 1: Mothers, infants, and adolescents. In M. Small (Ed.), *Female primates: Studies by women primatologists* (pp. 13-16). New York: Alan R. Liss.

Rubin, K., Fein, G., & Vandenberg, B. (1983). Play. In P. Mussen (Ed.), *Handbook of child psychology* (4th ed., pp. 693-774). New York: John Wiley.

Ruiz, N. (1995). The social construction of ability and disability: Optimal and at-risk lessons in a bilingual classroom. *Journal of Learning Disabilities, 28,* 491-503.

Rury, J. (1989). Who became teachers? The social characteristics of teachers in American history. In D. Warren (Ed.), *American teachers: Histories of a profession at work* (pp. 9-48). New York: Macmillan.

Rutter, M., Maugham, B., Mortimore, P., & Ouston, J. (1979). *Fifteen thousand hours: Secondary school and their effect on children.* London: Open Books.

Sabbaghian, Z. (1992). Kindergarten and primary school education in Iran. In G. Woodill, J. Bernhard, & L. Prochner (Eds.), *International handbook of early childhood education* (pp. 299-305). New York: Garland.

Sanjek, R. (Ed.). (1990). *Fieldnotes: The making of anthropology.* Ithaca, NY: Cornell University Press.

Schickedanz, J. (1994). Early childhood education and school reform: Consideration of some philosophic barriers. *Journal of Education, 176*, 29-48.

Schneider, D. (1995). *American childhood: Risks and realities.* New Brunswick, NJ: Rutgers University Press.

Schofield, J. (1981). Complimentary and conflicting identities: Images and interaction in an interracial school. In S. Asher & J. Gottman (Eds.), *The development of children's friendships* (pp. 53-92). Cambridge, UK: Cambridge University Press.

Schofield, J. (1989). *Black and white in school: Trust, tension, or tolerance?* New York: Teachers College Press.

Schwartz, L., & Markham, W. (1985). Sex stereotyping in children's toy advertisements. *Sex Roles, 12*, 157-170.

Schwartz, T. (Ed.). (1976). *Socialization as cultural communication: Development of theme in the work of Margaret Mead.* Berkeley: University of California Press.

Schwartzman, H. (1978). *Transformations.* New York: Plenum.

Schwartzman, H. (1995). Representing children's play: Anthropologists at work. In A. Pellegrini (Ed.), *The future of play theory* (pp. 243-256). Albany: State University of New York Press.

Scott-Jones, D. (1994). Ethical issues in reporting and referring in research with low-income minority children [Special issue: Reporting and referring child and adolescent research participants]. *Ethics and Behavior, 4*, 97-108.

Segall, M., Dasen, P., Berry, J., & Poortinga, Y. (1990). *Human behavior in global perspective.* Boston: Allyn & Bacon.

Serpell, R. (1996). Cultural models of childhood in indigenous socialization and formal schooling in Zambia. In C. Hwang, M. Lamb, & I. Sigel (Eds.), *Images of childhood* (pp. 129-142). Mahwah, NJ: Lawrence Erlbaum.

Sexton, P. (1982). *The new nightingales: Hospital workers, unions, new women's issues.* New York: Enquiry.

Shaffir, W., & Stebbins, R. (Eds.). (1991). *Experiencing fieldwork.* Newbury Park, CA: Sage.

Shaffir, W., Stebbins, R., & Turowetz, A. (1980). *Fieldwork experience.* New York: St. Martin's.

Shu-Min, Huang. (1996). Nutritional well-being of preschool children in a North China village. *Modern China, 22,* 355-371.

Sieber, B., & Sieber, J. (1992). *Social research on children and adolescents: Ethical issues.* Newbury Park, CA: Sage.

Siegal, M. (1987). Are sons and daughters treated more differently by fathers than by mothers. *Developmental Review, 7,* 183-209.

Skeen, P., Robinson, B., & Coleman, M. (1986). Gender-role attitudes of professional female educators toward men in early childhood education. *Psychological Reports, 59,* 723-730.

Skelton, C. (1996). Learning to be "tough": The fostering of maleness in the primary school. *Gender and Education, 8,* 185-199.

Sluckin, A. (1981). *Growing up in the playground: The social development of children.* London: Routledge & Kegan Paul.

Smith, H. (1996). Building on the strengths of black families: Self-help and empowerment. In S. Logan (Ed.), *The black family* (pp. 21-38). Boulder, CO: Westview.

Spence, J. (1985). Achievement American style: The rewards and costs of individualism. *American Psychologist, 40,* 1285-1295.

Spindler, G. (1970). *Being an anthropologist: Fieldwork in eleven cultures.* New York: Holt, Rinehart & Winston.

Spindler, G., & Spindler, L. (1983). Anthropologists view American culture. *Annual Review of Anthropology, 12*, 49-78.

Spindler, G., & Spindler, L. (1990). *The American cultural dialogue and its transmission*. London: Falmer.

Spradley, J. (1980). *Participant observation*. New York: Holt, Rinehart & Winston.

Stack, C. (1974). *All our kin*. New York: Harper & Row.

Stack, C. (1996). Writing ethnography: Feminist critical practice. In D. Wolf (Ed.), *Feminist dilemmas in fieldwork* (pp. 96-106). Boulder, CO: Westview.

Stevenson, H., Azuma, H., & Hakuta, K. (1986). *Child development and education in Japan*. New York: Freeman.

Steward, M., Bussey, K., Goodman, G., & Saywitz, K. (1993). Implications of developmental research for interviewing children [Special issue: Clinical recognition of sexually abused children]. *Child Abuse and Neglect, 17*, 25-37.

Sudarkasa, N. (1986). In a world of women: Field work in a Yoruba community. In P. Golde (Ed.), *Women in the field: Anthropological experiences* (pp. 167-191). Berkeley: University of California Press.

Sudarkasa, N. (1988). Interpreting African heritage in Afro-American family organization. In H. McAdoo (Ed.), *Black families* (pp. 27-43). Newbury Park, CA: Sage.

Sue, D. (1993). Confronting ourselves: The white and racial/ethnic minority researcher. *The Counseling Psychologist, 21*, 244-249.

Super, C., & Harkness, S. (1986). The developmental niche: A conceptualization at the interface of society and the individual. *International Journal of Behavioral Development, 9*, 545-570.

Suppal, P., Roopnarine, J., Buesig, T., & Bennet, A. (1996). Ideological beliefs about family practices: Contemporary perspectives among North Indian families. *International Journal of Psychology, 31*, 29-37.

Sutton-Smith, B. (1979). The play of girls. In C. Koop (Ed.), *Becoming female: Perspectives on development* (pp. 229-257). New York: Plenum.

Sutton-Smith, B. (1981). *The folkstories of children*. Philadelphia: University of Pennsylvania Press.

Sutton-Smith. B. (1988). War toys and childhood aggression. *Play & Culture, 1*, 57-69.

Sutton-Smith, B. (1990). School playground as festival. *Children's Environments Quarterly, 7*, 3-7.

Sutton-Smith, B. (1994). A memory of games and some games of memory. In J. Lee (Ed.), *Life before story: The autobiographies of psychologists from a narrative perspective* (pp. 125-142). New York: Praeger.

Sutton-Smith, B. (Ed.). (1995). *Children's folklore: A source book.* New York: Garland.

Tabu, M., & Aoki, H. (1990). *Early childhood education in Japan* (NIER Occasional Paper). Tokyo: National Institute for Educational Research. (ERIC Document Reproduction Service No. ED 329332)

Tajfel, H. (1982). Social psychology of intergroup relations. *Annual Review of Psychology, 33*, 1-39.

Takeuchi, M. (1994). Children's play in Japan. In J. Roopnarine, J. Johnson, & F. Hooper (Eds.), *Children's play in diverse cultures* (pp. 51-72). Albany: State University of New York Press.

Taylor, I., et al. (1994). *The internalization of values: Adopting cooperation (Sunao) in Japanese preschools.* (ERIC Document Reproduction Service No. ED 374032)

Thorne, B. (1993). *Gender play: Boys and girls at school.* New Brunswick, NJ: Rutgers University Press.

Tobin, D., Wu, D., & Davidson, D. (1989). *Preschool in three cultures.* Cambridge, MA: Harvard University Press.

Top 10 signs of a good kindergarten classroom. (1996). *Brown University Child & Adolescent Behavior Letter, 12*, 4.

Tracy, D. (1987). Toys, spatial ability, and science and mathematics achievement: Are they related? *Sex Roles, 17*, 115-138.

Triandis, H. (1989). The self and social behavior in differing cultural contexts. *Psychological Review, 96*, 506-520.

Triandis, H., & Berry, J. (Eds.). (1981). *Handbook of cross-cultural psychology* (Vol. 1). Boston: Allyn & Bacon.

Triandis, H., Brislin, R., & Hui, R. (1988). Cross-cultural training across the individualism-collectivism divide. *International Journal of Intercultural Relations, 12*, 269-289.

Turnbull, C. (1968). *The forest people.* New York: Simon & Schuster.

Turner, V., & Bruner, E. (1986). *The anthropology of experience.* Urbana: University of Illinois Press.

Tyler, S. (1969). *Cognitive anthropology.* New York: Holt, Rinehart & Winston.

Tylor, E. (1958). *Primitive culture.* New York: Harper Torchbooks. (Original work published in 1871)

Van Maanen, J. (1988). *Tales of the field: On writing ethnography.* Chicago: University of Chicago Press.

Van Maanen, J. (Ed.). (1995). *Representational challenges in ethnography.* Thousand Oaks, CA: Sage.

Wade, P. (1993). Sexuality and masculinity in fieldwork among Colombian blacks. In D. Bell, P. Caplan, & W. Karim (Eds.), *Gendered fields: Women, men and ethnography* (pp. 199-214). London: Routledge.

Wagner, J. (1995). Studies of individualism-collectivism: Effects on cooperation in groups. *Academy of Management Journal, 38*, 152-172.

Warren, C. (1988). *Gender issues in field research* (Qualitative Research Methods, Vol. 9). Newbury Park, CA: Sage.

Wegener-Spohring, G. (1989). War toys and aggressive games. *Play & Culture, 2*, 35-47.

Werner O., & Schoepfle, G. (1987). *Systematic fieldwork: Foundations of ethnography and interviewing.* Newbury Park, CA: Sage.

Wescott, H. (1994). On sensitivity and ethical issues in child witness research. *Child Abuse and Neglect, 18*, 287-290.

Wheeler, L., Reis, H., & Bond, M. (1989). Collectivism-individualism in everyday social life: The middle kingdom and the melting pot. *Journal of Personality and Social Psychology, 57*, 79-86.

White, M., & LeVine, R. (1986). What is an Ii ko (Good child)? In H. Stevenson, H. Azuma, & K. Hakuta (Eds.), *Child development and education in Japan* (pp. 55-62). New York: Freeman.

Whitehead, T., & Conaway, M. (1986). *Self, sex and gender in cross-cultural fieldwork.* Urbana: University of Illinois Press.

Whiting, B., & Child, I. (1963). *Six cultures: Studies of childrearing*. New York: John Wiley.

Whiting, B., & Edwards, C. (1973). A cross-cultural analysis of sex differences in the behavior of children aged three through eleven. *Journal of Social Psychology, 91,* 171-188.

Whiting, B., & Whiting, J. (1975). *Children of six cultures: A psycho-cultural analysis.* Cambridge, MA: Harvard University Press.

Williams, B. (1996). Skinfolk, not kinfolk: Comparative reflections on the identity of participant-observation in two field situations. In D. Wolf (Ed.), *Feminist dilemmas in fieldwork* (pp. 72-95). Boulder, CO: Westview.

Williams, C. (1993). *Doing women's work: Men in nontraditional occupations.* Newbury Park, CA: Sage.

Williams, C. (1995). *Still a man's world: Men who do women's work.* Berkeley: University of California Press.

Williams, C., & Heikes, E. (1993). The importance of researcher's gender in the in-depth interview: Evidence from two case studies of male nurses. *Gender and Society, 7,* 280-291.

Williams, J., & Best, D. (1990). *Sex and psyche: Gender and self viewed cross-culturally* (Cross-Cultural Research and Methodology Series, Vol. 13). Newbury Park, CA: Sage.

Winn, M. (1983). *Children without childhood.* New York: Pantheon.

Wolcott, H. (1990). *Writing up qualitative research.* (Qualitative Methods Series, Vol. 20). Newbury Park, CA: Sage.

Wolf, D. (1992). *Factory daughters.* Berkeley: University of California Press.

Wolf, D. (Ed.). (1996a). *Feminist dilemmas in fieldwork.* Boulder, CO: Westview.

Wolf, D. (1996b). Situating feminist dilemmas in fieldwork. In D. Wolf (Ed.), *Feminist dilemmas in fieldwork* (pp. 1-55). Boulder, CO: Westview.

Wolf, J. (1995). *If you haven't been there, you don't know what it's like: Life at Enchanted Gate from the inside.* Unpublished doctoral dissertation, University of Illinois, Urbana-Champaign.

Wolf, M. (1996). Afterword: Musings from an old gray wolf. In D. Wolf (Ed.), *Feminist dilemmas in fieldwork* (pp. 215-222). Boulder, CO: Westview.

Wood, G. (1988). Democracy and the curriculum. In L. Beyer & M. Apple (Eds.), *The curriculum: Problems, politics, and possibilities* (pp. 166-187). Albany: State University of New York Press.

Woodgate, R. (1996). My hurts: Hospitalized young children's perceptions of acute pain. *Qualitative Health Research, 6,* 184-196.

Woodill, G. (1992). International early childhood care and education: Historical perspectives. In G. Woodill, J. Bernhard, & L. Prochner (Eds.), *International handbook of early childhood education* (pp. 3-10). New York: Garland.

Woodill, G., Bernhard, J., & Prochner, L. (1992). *International handbook of early childhood education.* New York: Garland.

Yamamura, Y. (1986). The child in Japanese society. In H. Stevenson, H. Azuma, & K. Hakuta (Eds.), *Child development and education in Japan* (pp. 28-38). New York: Freeman.

Zigler, E. (1987). Formal schooling for four-year-olds? *North American Psychologist, 42,* 254-260.

國家圖書館出版品預行編目資料

兒童的田野工作 / Robyn M. Holmes 著；張盈堃譯.
--初版. --臺北市：心理，2008.03
面；　公分. --（幼兒教育；113）
參考書目：面
譯自：Fieldwork with children
ISBN 978-986-191-122-9（平裝）

1.兒童　2.跨文化研究　3.田野工作　4.民族學

544.6　　97002166

幼兒教育 113　兒童的田野工作

作　　者：Robyn M. Holmes
譯　　者：張盈堃
執行編輯：林汝穎
總 編 輯：林敬堯
發 行 人：洪有義
出 版 者：心理出版社股份有限公司
社　　址：台北市和平東路一段 180 號 7 樓
總　　機：(02)23671490　　傳　真：(02)23671457
郵　　撥：19293172　心理出版社股份有限公司
電子信箱：psychoco@ms15.hinet.net
網　　址：www.psy.com.tw
駐美代表：Lisa Wu　tel: 973 546-5845　fax: 973 546-7651
登 記 證：局版北市業字第 1372 號
電腦排版：菩薩蠻電腦科技有限公司
印 刷 者：正恆實業有限公司
初版一刷：2008 年 3 月

定價：新台幣 200 元　
ISBN 978-986-191-122-9

讀者意見回函卡

No.______　　　　　　　　　　　　　　　填寫日期：　年　月　日

感謝您購買本公司出版品。為提升我們的服務品質，請惠填以下資料寄回本社【或傳真(02)2367-1457】提供我們出書、修訂及辦活動之參考。您將不定期收到本公司最新出版及活動訊息。謝謝您！

姓名：________________　性別：1□男　2□女

職業：1□教師 2□學生 3□上班族 4□家庭主婦 5□自由業 6□其他____

學歷：1□博士 2□碩士 3□大學 4□專科 5□高中 6□國中 7□國中以下

服務單位：____________　部門：______　職稱：________

服務地址：________________　電話：____　傳真：____

住家地址：________________　電話：____　傳真：____

電子郵件地址：________________________________

書名：____

一、您認為本書的優點：（可複選）

❶□內容 ❷□文筆 ❸□校對 ❹□編排 ❺□封面 ❻□其他____

二、您認為本書需再加強的地方：（可複選）

❶□內容 ❷□文筆 ❸□校對 ❹□編排 ❺□封面 ❻□其他____

三、您購買本書的消息來源：（請單選）

❶□本公司 ❷□逛書局⇨______書局 ❸□老師或親友介紹

❹□書展⇨____書展 ❺□心理心雜誌 ❻□書評 ❼□其他______

四、您希望我們舉辦何種活動：（可複選）

❶□作者演講 ❷□研習會 ❸□研討會 ❹□書展 ❺□其他______

五、您購買本書的原因：（可複選）

❶□對主題感興趣 ❷□上課教材⇨課程名稱____________

❸□舉辦活動 ❹□其他__________

（請翻頁繼續）

廣　告　回　信
台北郵局登記證
台北廣字第 940 號

（免貼郵票）

心理出版社股份有限公司

台北市 106 和平東路一段 180 號 7 樓

TEL:(02)2367-1490

FAX:(02)2367-1457

EMAIL:psychoco@ms15.hinet.net

沿線對折訂好後寄回

六、您希望我們多出版何種類型的書籍

❶□心理　❷□輔導　❸□教育　❹□社工　❺□測驗　❻□其他

七、如果您是老師，是否有撰寫教科書的計劃：□有　□無

書名／課程：________________

八、您教授／修習的課程：

上學期：________________

下學期：________________

進修班：________________

暑　假：________________

寒　假：________________

學分班：________________

九、您的其他意見

____

謝謝您的指教！　51113